Oswald von Nell-Breuning

Kapitalismus — kritisch betrachtet

Oswald von Nell-Breuning

Kapitalismus — kritisch betrachtet

Zur Auseinandersetzung um das bessere „System“

Herder

Freiburg · Basel · Wien

Durchgesehene Neuausgabe

Satz: F. X. Stückle, Ettenheim
Druck und Einband: Freiburger Graphische Betriebe 1986
ISBN 3-451-20706-0

Inhalt

Vorwort

Mit den Greueln des Kapitalismus und all dem, was ihm an Schandtaten zur Last gelegt wird, läßt sich nicht nur ein Buch, sondern ganze Bibliotheken füllen. Nicht minder groß und zahlreich sind die Leistungen und Erfolge, die ihm nachgerühmt werden. So wird unsere Wirtschaftspresse nicht müde, seine Leistungen zu preisen und das bewundernde Loblied weiterzusingen, das vor mehr als 100 Jahren – wer sollte es glauben – keine geringeren als Karl Marx und Friedrich Engels im „Kommunistischen Manifest" angestimmt haben.

Hier ist weder das eine noch das andere beabsichtigt, vielmehr – wie der Buchtitel ankündigt – eine *Kritik*. Kritik besagt sorgfältige Prüfung und genaue Unterscheidung. Das in dem einen Wort „Kapitalismus" zusammengeballte Knäuel von Vorgängen und Erscheinungen soll entwirrt, die zugrunde liegenden Tatsachen sollen geklärt, die nicht immer einfachen Zusammenhänge sollen einsichtig gemacht werden.

Als die erste Auflage dieses Buches erschien, herrschte bei uns Überbeschäftigung, die uns veranlaßte, ausländische Arbeitskräfte in großer Zahl herbeizurufen. Seither hat sich ein grundlegender Wandel vollzogen; unsere Wirtschaft ist umgekippt zur ständigen und mindestens vorerst noch weiter ansteigenden Arbeitslosigkeit. Ein damals niedergeschriebenes Buch zur Wirtschaftspolitik könnte man heute nicht in überarbeiteter Gestalt wiederveröffentlichen; es müßte so gut wie ganz neu geschrieben werden. Anders eine Publikation wie diese, in der keine Vorschläge gemacht oder gar Weisungen erteilt werden, wie den ständig wechselnden Lagen und Erfordernissen zu begegnen ist, die sich zielender zur Aufgabe stellt, das, was all diesem Wechsel zugrundeliegt, einer grundsätzlichen Kritik zu unterziehen. Das und nichts anderes ist laut dem Titel „Kapitalismus – kritisch betrachtet" ihr einziger Gegenstand.

Daran aber hat weder der inzwischen eingetretene Wandel der äußeren Dinge noch der innere Wandel unserer Haltung, in der wir diesem Wandel der Dinge begegnen, etwas geändert. Nichts von dem was schon in der Zeit des sogenannten „Wirtschaftswunders" zutraf, ist durch die inzwischen verlaufene Entwicklung überholt oder erst gar widerlegt worden, noch haben die schmerzlichen Erfahrungen und Enttäuschungen, die wir inzwischen erlebt haben, uns durch neue oder erst gar umstürzende Erkenntnisse bereichert; sie haben vielmehr nur unsere bestehende Einsicht *bestätigt.* Darum kann dieses Buch auch Mitte der 80er Jahre so, wie es ursprünglich erschienen ist, wiederaufgelegt werden.

Nur einige Anspielungen auf Ereignisse der damaligen Zeit, die dem heutigen Leser wahrscheinlich nicht mehr verständlich sein würden, sind getilgt; an ganz wenigen Stellen ist auch die Sprache verdeutlicht worden.

Das Buch wendet sich an Leser, die im Tageskampf des Lebens, im Betrieb, in der Gewerkschaft oder in der Politik stehen; es will sie unmittelbar konfrontieren mit dem, womit er sich auseinanderzusetzen hat, ihm den „Sitz im Leben" der behandelten Gegenstände und Fragen verdeutlichen. Manche gerade der am leidenschaftlichsten umstrittenen Fragen machen allerdings Ausführungen notwendig, die einige Anforderungen an das Mitdenken des Lesers stellen; irgendwelche fachwissenschaftliche Vorkenntnisse werden jedoch nicht vorausgesetzt.

Im Untertitel dieses Buches steht „System" in Anführungszeichen. Das will bedeuten, daß Kapitalismus strenggenommen *kein* System, kein „Ismus" ist; es gibt kein Lehrgebäude, keinen „Kapitalismus" als ein aus notwendig zusammengehörenden und widerspruchslos sich zusammenfügenden Elementen bestehendes „kohärentes und konsistentes" Ganzes, das man zerstört, wenn man einen Teil davon wegnimmt. Was wir als geschichtlichen Befund unserer Gesellschaft und Wirtschaft, die wir als „kapitalistisch" bezeichnen, erleben, geht ähnlich wie der gesundheitliche Befund jedes einzelnen von uns niemals auf eine einzige bestimmende Ursache zurück, sondern auf das jeweilige Zusammentreffen einer Vielzahl von Ursachen und Umständen, wofür die ärztliche Sprache den Fachausdruck „Syn*drom*" hat. Und ähnlich, wie es Sache der ärztlichen Diagnose ist, das Zusammenspiel der verschiedenen Ursachen und Umstände zutreffend zu erkennen, und Sache der ärztlichen Behandlungskunst, die günstigen zu stärken und zu fördern, die nachteiligen zu beheben und notfalls durch operativen Eingriff zu beseitigen, so gilt es auch, die beteiligten Ursachen und Umstände des Syndroms „Kapitalismus" zutreffend zu ermitteln, die günstigen zu unterstützen, die nachteiligen zu bekämpfen und nach Möglichkeit abzustellen.

Ob das Buch eine *pro*-kapitalistische oder *anti*-kapitalistische Schlagseite hat, möge der geneigte

Leser beurteilen; nach der Absicht des Verfassers soll es weder das eine noch das andere, vielmehr ohne alle Voreingenommenheit kapitalismus-*kritisch* sein.

Frankfurt a. M., Sankt Georgen, Ostern 1986

Oswald von Nell-Breuning S.J.

I
Kapitalismus — was ist das?

Kapitalismus und Sozialismus

In seiner unvergeßlichen Rede auf dem Würzburger Gründungskongreß des Bundesverbandes der Katholischen Arbeitnehmerbewegung 1971 hat Erzbischof Hélder Câmara den *Kapitalismus* mit den härtesten Worten verdammt, den Sozialismus dagegen hochgepriesen. Solche Worte aus dem Munde eines Bischofs waren für deutsche Ohren etwas Unerhörtes; sie schienen geradezu das Gegenteil dessen zu besagen, was man bis dahin von kirchenamtlicher Seite als katholische Soziallehre zu hören gewohnt war. Oder war bloß der Sprachgebrauch des lateinamerikanischen Bischofs ein anderer, nichtsdestoweniger aber das, was er wirklich meinte und sagen wollte, im Grunde genommen gar nicht sehr verschieden von dem, was unsere Bischöfe zu sagen pflegen oder in unserem katholischsozialen Schrifttum zu lesen steht? Was den von Hélder Câmara gepriesenen Sozialismus angeht, war dies offenbar die Meinung des Vorsitzenden der deutschen Bischofskonferenz, Kardinal Döpfner, der sich alsbald dahin vernehmen ließ, mit „Sozialismus" habe Hélder Câmara wohl gemeint, was wir katholische Soziallehre nennen. In der Tat, in ihren ersten Anfängen bezeichnete die katholische Soziallehre sich selbst als Sozialismus; dann aber ließ man es geschehen, daß andere sich dieser Bezeichnung bemächtigten und das ebenso treffende wie eingängige Wort für sich mit Beschlag belegten. Sowohl nach dem 1. als auch nach dem 2. Weltkrieg wurde noch einmal der Versuch unternommen, die Bezeichnung „Sozialismus" für uns zurückzugewinnen, aber der Versuch kam zu spät und konnte nur noch Sprachverwirrung anrichten; so mußte er aufgegeben werden. Erzbischof Hélder Câmara, der als Lateinamerikaner diese unsere Erfahrung nicht kannte, hatte diesbezüglich keine Hemmung. Dem Wortsinn nach wäre der Ausdruck „Sozialismus" in der Tat durchaus geeignet, kurz und bündig auszudrücken, was wir langatmig „katholische Soziallehre" nennen, besagt er doch von Hause aus gar nichts anderes, als daß man „sozial" eingestellt ist, „sozial" denkt, sich zu „sozialem" Verhalten verpflichtet weiß und sich dazu bekennen will. Leider hat sich in unserem deutschen und kontinental-europäischen Sprachgebrauch die Wortbedeutung von „Sozialismus" gewandelt; lateinamerikanischen Bischöfen ist das natürlich nicht geläufig; für sie hat die Bezeichnung „Sozialismus" noch ihren ursprünglichen Sinn.

Hier aber geht es nicht um den Sozialismus, sondern um den von Hélder Câmara so hart verdammten *Kapitalismus.* Ist es schon schwer, sich einen Überblick darüber zu verschaffen, was alles in der Welt unter dem Namen „Sozialismus" umgeht, welche Lehren, Bewegungen, Organisationen und Institutionen sich mit diesem Namen schmücken, hat man oft Mühe, um herauszubringen, was jemand meint, wenn er von Sozialismus spricht, so gilt vom Kapitalismus ganz dasselbe, wenn nicht gar in noch höherem Grade. Zwar glauben die meisten unserer Zeitgenossen und Zeitungsleser mehr oder weniger genau zu wissen, wovon die Rede ist, wenn der Kapitalismus von der einen Seite gelobt und gepriesen, von der anderen beschimpft und verwünscht wird. Ist es aber wirklich ein und dasselbe, was je nach ihrem Interessenstandpunkt die einen hochschätzen und um jeden Preis beizubehalten wünschen, die anderen dagegen verfluchen und unbedingt beseitigt wissen wollen? Sind es nur verschiedene Seiten oder verschiedene Auswirkungen ein und derselben Sache, die die einen begünstigen, und die anderen belasten? Oder handelt es sich um ganz verschiedene Dinge, im einen Fall um etwas, das allen zugute kommt und von allen geschätzt wird oder doch geschätzt zu werden verdient, im anderen Fall um etwas Verabscheuenswertes, das jeder gerecht und billig denkende Mensch nur ablehnen kann und nach Kräften bekämpfen muß? Die allermeisten, die von Kapitalismus reden, würden in heillose Verlegenheit geraten, wenn sie präzise Auskunft darüber geben sollten, was sie sich darunter vorstellen. – Versteht man unter „Stereotyp" eine vereinfachte und vergröberte und in dieser Vereinfachung und Vergröberung erstarrte *Vorstellung*, dann ist das, was die allermeisten sich unter „Kapitalismus" vorstellen, ein Stereotyp, bei denen, die ihn lobpreisen, ein *Eigen*stereotyp bei denen dagegen, die ihn verabscheuen und verfluchen, ein *Fremd*sterotyp.

Mit Händen zu greifender Kapitalismus

Für einen lateinamerikanischen Bischof ist „Kapitalismus" *mehr* als ein solches Fremdstereotyp; für ihn ist „Kapitalismus" etwas mit Händen Greifbares; für ihn und den Lateinamerikaner überhaupt bedeutet „Kapitalismus" die ausländischen, namentlich die US-amerikanischen Unternehmen in ihren Ländern sowie die hinter ihnen stehende Macht ihrer Heimatstaaten, namentlich der USA, von deren übermächtigem Eigennutz die Lateinamerikaner sich schwer bedrückt und ausgebeutet fühlen. Daß das Gebaren dieser Unternehmen vielfach im höchsten Grade skrupellos ist, dürfte unbestreitbar feststehen. Ob, aufs Ganze gesehen, diese Unternehmen den Ländern, in denen sie tätig sind, mehr Nutzen oder mehr Schaden gebracht haben, darüber kann man streiten; mangels dafür geeigneter Maßstäbe oder Gewichte läßt sich das nicht sicher ermitteln. Darauf kommt es aber auch gar nicht an. Selbst wenn sie dem Lande, in dem sie ihre Geschäfte betreiben und Gewinne erzielen, im Endergebnis mehr Nutzen als Schaden bringen, kann ihnen das zwar als mildernder Umstand angerechnet werden, niemals aber das Unrecht, die Ausbeutung, deren sie sich schuldig machen, rechtfertigen oder sie von Schuld reinwaschen. Wenn der Lateinamerikaner von Kapitalismus spricht, dann meint er nicht irgendeine abstrakte Theorie oder Doktrin, nicht einen schemenhaften „Ismus", sondern ganz handgreiflich diese vom Ausland beherrschten und ihre Gewinne ins Ausland abführenden Unternehmen und deren Treiben. Daß sein nationaler Stolz sich dagegen aufbäumt, können wir ihm nachfühlen. Aber das ist nicht das Entscheidende. Worauf es ankommt, das sind die schweren Verstöße gegen die Gerechtigkeit. Sicher wird auch da manchmal zu pauschal abgeurteilt und wäre in vielen Fällen genauer zuzusehen und sauberer zu unterscheiden; aufs Ganze gesehen, läßt sich aber nicht in Abrede stellen, daß die Bevölkerung, genauer gesprochen die arbeitende und noch mehr die vergeblich Arbeitsgelegenheit suchende Bevölkerung dieser Länder, in größtem Ausmaß Unrecht erleidet, menschlich entwürdigt und materiell ausgebeutet wird – nicht ohne *Beteiligung und Mitschuld* der besitzenden Kreise dieser Länder. All dieses Böse, all dieses Unrecht lasten die Lateinamerikaner, aber auch die Völker anderer Entwicklungsländer dem „Kapitalismus“ an. In den großen ausländischen Unternehmen steht er den Völkern dieser Länder leibhaftig vor Augen; sie sind für die der *„Kapitalismus in Person.*

Diese Unternehmen – fast ausnahmslos in die Rechtsform der Kapitalgesellschaft (Aktiengesellschaft) gekleidet – verfügen über riesenhafte Summen an *Kapital.* Soweit man sehen kann, kennen sie nichts anderes, als dieses Kapital immer noch weiter zu vermehren; Kapital scheint geradezu ihr Lebenselixier zu sein; für sie ist Kapital nicht nur ein Instrument, sondern zugleich – so scheint es wenigstens – ihr einziges und letztes Ziel; sie sind vom Kapital geradezu *besessen.* Darum kann man sie mit gutem Grund „kapitalistisch“ nennen, und so liegt es nahe, auch das Böse, das sie tun, auf diese ihre „kapitalistische“ Wesensart zurückzuführen, es aus ihr zu erklären. Obendrein – das erfahren die Entwicklungsländer und namentlich Lateinamerika nur allzuoft – steht hinter diesen „kapitalistischen“ Unternehmen vielfach noch das ganze Schwergewicht der politischen Macht ihrer Heimatländer, deren Wirtschaft von dem gleichen Typ wie das Gebaren dieser Unternehmen geprägt zu sein scheint und deren Wirtschaftspolitik offenbar ganz ähnliche Ziele verfolgt.

Unter diesen Umständen ist es kein Wunder, daß nicht allein für Lateinamerika, sondern für mehr oder weniger alle Entwicklungsländer das Wort „Kapitalismus" zum Symbol geworden ist, worin sie ihren ganzen Haß und ihren Abscheu gegen die „kapitalistischen" Unternehmen und gegen die „kapitalistische" Wirtschaft und Wirtschaftspolitik ihrer Heimatländer zusammenfassen und zum Ausdruck bringen.

Schlagwort „Kapitalismus

Der Mensch braucht nun einmal ein Schlagwort, unter dem er alles, worunter er leidet und was er als bösartig, als ungerecht empfindet und verabscheut, zusammenfaßt und verwünscht. Indem man dem wirklich oder auch nur vermeintlich Schuldigen einen Namen beilegt, einen seine Bosheit kennzeichnenden Namen für ihn erfindet, vermeint man, ihn bereits erfaßt und dingfest gemacht zu haben. So erhebt man den „Kapitalismus" zum bösen Prinzip, ja man stellt ihn sich vor als das Böse in Person. Allzu leicht erliegen wir Menschen der Täuschung, wenn wir ein *Wort* haben, in das wir unsere Affekte hineinlegen können, dann hätten wir auch schon den rechten Begriff, die rechte Erkenntnis vom Wesen oder von der Ursache dessen, wogegen wir aufbegehren. Was das angeht, sollten wir lieber bei den Medizinern in die Schule gehen. Wenn sie ein bisher unbekanntes Krankheitsbild mit einem seinen Symptomen entlehnten griechischen Namen belegen, sind sie weit davon entfernt sich einzubilden, bereits erkannt zu haben, welche innere Erkrankung diesem äußeren Krankheitsbild zugrunde liegt, oder erst gar schon

Mittel und Wege gefunden zu haben, um ihr wirksam abzuhelfen. So kennt auch Erzbischof Hélder Câmara, der zudem kein Gesellschafts- oder Wirtschaftswissenschaftler, sondern Theologe und Seelsorger ist, zwar die Übelstände, die Not, das Elend und das Unrecht, worunter die seiner Seelsorge anvertrauten Menschen zu leiden haben; die dahinterstehenden ursächlichen Zusammenhänge dagegen entziehen sich seinem Blick. Infolgedessen bleibt er darauf beschränkt, Anklage gegen das Unrecht zu erheben und dem Sprachgebrauch seines Landes gemäß das Böse oder den Übeltäter mit dem Namen „Kapitalismus" zu belegen und zu brandmarken, aber diese Namengebung genügt nicht, um das Übel und seine Ursache wirklich in den Griff zu bekommen, und noch viel weniger, um es abzustellen.

Aber es ist ja keineswegs Erzbischof Hélder Câmara allein, der dazu auffordert, den Kapitalismus abzuschaffen. Auch bei uns im Lande stimmen viele in diesen Ruf ein. Dabei weiß jedermann: wenn Erzbischof Hélder Câmara aufruft, den Kapitalismus abzuschaffen, dann geht es ihm um nichts anderes als darum, die unbestreitbaren Mißstände und Ungerechtigkeiten abzustellen, die er unter dem Symbolwort „Kapitalismus" zusammenfaßt; *was* da im einzelnen zu tun, *wie* das im einzelnen zu machen sei, das überläßt er den Sachverständigen. Darin könnte er vielen als Vorbild dienen, die bei uns die gleiche Forderung erheben. Auch ihnen ist es um die Gerechtigkeit zu tun oder jedenfalls um das, was sie als gerecht und billig ansehen; *das* dürfen wir wohl der Mehrzahl von ihnen zugute halten. Allzu viele aber dürften sich täuschen, wenn sie vermeinen, sie durchschauten die Zusammenhänge, kännten die Ursachen und wüßten, welche politischen und anderen Schalthebel zu betätigen sind, um eine neue gesellschaftliche und wirtschaftliche Ordnung herbeizuführen, in der vollkommene Gerechtigkeit, Gleichheit und Freiheit herrschen. Demzufolge kehren sie, anstatt verabscheuenswerte Praktiken anzuprangern und zu bekämpfen, ihren ganzen Zorn gegen das in ihrer Vorstellung bestehende *„System"* und werfen sich als „Systemüberwinder" auf. Diesem ihrem Fremdstereotyp schreiben sie alles Böse zu in Staat, Gesellschaft und Wirtschaft; für sie steht im vorhinein fest, daß das verabscheuenswerte und verwerfliche „System" des Kapitalismus an allem schuld ist; sie sind entschlossen, es zu zertrümmern.

Kapitalismus – ein „System"?

Auch für uns stellt sich ernsthaft die Frage, ob es wirklich ein solches *System* gibt, sei es ein philosophisches, ein soziologisches, ein ökonomisches, ein politisches oder wie immer, vielleicht gar ein System, das alles dies zugleich ist oder zu sein beansprucht. Wir werden uns zu fragen haben, welches die tragenden Grundsätze dieses wirklichen oder angeblichen Systems sind, welche Geltung diesen Grundsätzen zugeschrieben wird und worauf dieser Geltungsanspruch sich stützen soll. Es ließe sich aber auch denken, daß das, woran keineswegs unsere Jusos allein, sondern auch sehr viele andere sich stoßen und reiben, kein ausgebautes und zu Ende gedachtes System ist, sondern ein vielschichtiger Komplex von Erscheinungen, Vorgängen, Sachverhalten, Gebilden u.a.m., die vielleicht alle irgendwie miteinander zusammenhängen, vielleicht sogar alle etwas mit *Kapital* zu tun haben, die sich aber auseinandernehmen lassen und die man auseinandernehmen und jedes einzelne in Beschau nehmen muß, um sich ein Urteil bilden zu können, was brauchbar oder doch erträglich ist, was sich in Ordnung bringen läßt und was man nur verwerfen und abstellen kann.

Einen Mann wie Erzbischof Câmara, der gar nicht beansprucht, als Fachmann auf diesem Gebiet mitzureden, dürfen wir mit Fragen dieser Art nicht behelligen; unseren „Systemüberwindern" dagegen ist durchaus zuzumuten, daß sie uns Rede und Antwort stehen. Dafür ist jedoch hier nicht der Platz. Hier geht es vielmehr darum, in systematischer Verfahrensweise unmittelbar die Sachfragen anzugehen; dabei wird sich mehr oder weniger von selbst ergeben, was man sich allenfalls unter dem „System" und seiner Überwindung vorstellen kann und wieweit wir glauben, den Systemüberwindern folgen zu können oder uns ihrem Vorhaben versagen zu müssen.

Das Stammwort Kapital

Soviel ist gewiß: aus „Kapitalismus" hört man das Stammwort „Kapital" heraus; „Kapitalismus" schillert in mindestens ebensoviel Bedeutungen wie das Stammwort „Kapital"; jeder Wortbedeutung von „Kapital" läßt sich ein entsprechender „Ismus" zuordnen.

Gebrauchten wir das Wort „Kapital" nur in einer einzigen Bedeutung, dann wären wir wahrscheinlich sehr schnell darüber einig, ob wir es für nützlich oder schädlich, für schön oder häßlich, für liebenswürdig oder verabscheuenswert, für gut oder für böse erachten, einschätzen oder werten. Daß dieses eine Wort sowohl im Sprachgebrauch des Alltags als auch der

Wissenschaft in einer Vielfalt von Bedeutungen umläuft, ist ein Übelstand, mit dem wir uns abfinden müssen; ihn abzustellen besteht nicht die mindeste Aussicht. Schon Martin Luther wußte, daß der Sprachgebrauch sich nicht kommandieren läßt, und ganz die gleiche Erfahrung mußten unsere Marxisten machen: seit mehr als hundert Jahren bemühen sie sich, *ihrer* Sinndeutung von „Kapital“ (Mehrwert heckender Wert) Anerkennung zu verschaffen und sie im Sprachgebrauch zu beheimaten; der Sprachgebrauch fügt sich nicht. Zwar wird in den Nachschlagewerken verzeichnet, bei den Marxisten sei Kapital ein Funktionalbegriff und werde von ihnen in diesem Sinn verstanden; im übrigen stehen alle bisher gebräuchlichen Bedeutungen von „Kapital“ nach wie vor in den Wörterbüchern und Nachschlagewerken und behaupten sich im allgemeinen Sprachgebrauch; ja die Marxisten selbst können es nicht vermeiden, das Wort „Kapital“ auch in all den vielen anderen Bedeutungen zu gebrauchen, die es längst hatte, bevor Marx ihm eine neue beilegte, und die nicht allein in unserer Sprache, sondern mehr oder weniger in allen modernen Sprachen weiterleben und sich als für die Verständigung unentbehrlich erweisen.

Stellen wir darum die Marxsche (oder marxistische) Sinndeutung von „Kapital“ fürs erste einmal zurück – sie wird uns später noch beschäftigen –, um zunächst einmal von den allgemein gebräuchlichen Wortbedeutungen Kenntnis zu nehmen.

Zur Investition verfügbares Geld

Im Sprachgebrauch des *Alltags*, dem aber auch der wissenschaftliche Sprachgebrauch folgt, bedeutet Kapital einen *Geld*betrag – nicht das wenige Geld, das man in Scheinen oder Münzen als Taschengeld bei sich trägt, sondern größere Beträge, die man entweder in Realwerten (Grundstücken, Häusern, Produktionsstätten, Warenlagern oder dgl.) oder in Beteiligungen oder in Wertpapieren anlegt, anzulegen beabsichtigt oder auch bereits angelegt hat; im letzten Fall ist das Geld allerdings bereits nicht mehr vorhanden, sondern sind die Anlagewerte (Sachwerte, Beteiligungen, Wertpapiere usw.) an seine Stelle getreten. In bildhafter Redeweise sagen wir dann, das Geld habe sich in diese Anlagewerte gekleidet („investiert"); demzufolge sprechen wir vom Vorgang der Investition und von den Anlagewerten selbst als „Investitionen" und können folgerecht Kapital in diesem Sinne kurz definieren als *zur Investition bestimmtes oder bereits verwendetes* oder allgemein als *für Investitionszwecke verfügbares Geld.* – Um ein Unternehmen aufzubauen, eine Anwalts- oder Arztpraxis einzurichten, benötigt man solches Geld; in dem aufgebauten Unternehmen oder der eingerichteten Praxis ist dieses Geld „investiert". Eine sehr gebräuchliche, allerdings äußerst anfechtbare Redeweise sagt, dieses Geld oder Kapital „arbeite" in dem Unternehmen oder in der Praxis. Diese bildhafte Redeweise ist nicht nur mißverständlich, sondern geht schlechterdings fehl. Geld oder Kapital „arbeitet" nicht, ist vielmehr ganz und gar unfähig, zu arbeiten oder irgend etwas zu tun; obendrein ist das Geld (abgesehen von dem für die laufenden Zahlungen benötigten Kassenbestand) schon gar nicht mehr da! Nicht das Geld oder Kapital „arbeitet", sondern immer nur der Mensch, der Unternehmer oder der Anwalt oder der Arzt und alle übrigen im Unternehmen oder in der Praxis leitend oder ausführend tätigen *Menschen.*

Kapitalmarkt ist der Markt, auf dem Geld für Investitionszwecke – praktisch bedeutet das auf längere Frist – angeboten und nachgefragt wird im Unterschied zum *Geldmarkt,* auf dem Geld kurzfristig an- und ausgeliehen wird.

Als Rechtsbegriff

Ähnlich wie im Alltag und in der praktischen Wirtschaft bedeutet Kapital auch im Sprachgebrauch der *Juristen* einen Geldbetrag, und zwar nach dem ursprünglichen Wortsinn von caput = Haupt die Hauptsumme; so wird beim Darlehen dessen Betrag als Hauptsumme („Kapital") von den Zinsen unterschieden. – Beim Gesellschaftsvertrag ist Kapital der Betrag, den ein Gesellschafter als seine Einlage in die Gesellschaft einbringt und so lange nicht wieder entnehmen darf, als die Gesellschaft nicht alle ihre Verpflichtungen erfüllt oder Sicherheit dafür geleistet hat („haftendes Kapital"; Gläubigerschutzbestimmung). In manchen Fällen schreibt das Gesetz einen Mindestbetrag an haftendem Kapital vor und unter Umständen noch einen weiteren Betrag als „Haftsumme", der nachgezahlt werden muß, wenn anders die Verpflichtung gegenüber Gläubigern (Arbeitslöhne, Lieferantenschulden u. a. m.) nicht erfüllt werden können; das hat offenbar mit Hecken von Mehrwert oder sonstiger Ausbeutung nichts zu tun; hier dient das Kapital ganz im Gegenteil dazu, einen entstandenen Fehlbetrag („Minderwert"!) auszugleichen, um die Arbeitnehmer und andere vor Verlust ihrer Lohn- oder sonstigen Ansprüche zu schützen. – So ist für den Juristen „Kapital" immer Geld oder doch eine *Geldgröße*, also keine konkrete, in Raum- oder Gewichtsmaßen ausdrückbare, sondern eine *abstrakte* Größe, die er unter irgendeinem *rechtlichen* Gesichtspunkt betrachtet. Sehen wir in diesem Augenblick darüber hinweg, daß auch Geld ein sehr vieldeutiger Begriff ist, so können wir die erfreuliche Feststellung treffen, daß wir es bei den Juristen wenigstens nur mit *einer Grund*bedeutung von Kapital zu tun haben; bei den Ökonomen haben wir es nicht so einfach.

In der Lehre von den Produktionsfaktoren

In den Lehrbüchern der *Wirtschaftwissenschaft* begegnet uns das Wort „Kapital" zunächst einmal in einer grundlegend anderen Bedeutung im Zusammenhang der Lehre von den *Produktionsfaktoren.* Zunächst ist von zwei *ursprünglichen* Produktionsfaktoren die Rede: *Natur* (meist heißt es dafür kurz „Boden"; gemeint ist aber alles, was wir in der Natur vorfinden und benutzen oder ihr entnehmen, um daraus Mittel zur Befriedigung menschlicher Bedürfnisse zu bereiten) und *menschliche Arbeit.* – Offenbar ist an jeder Gütererzeugung sowohl die Natur als auch der Mensch mit seiner Arbeit beteiligt. Wenn wir aber den „Stoffwechsel mit der Natur" nur mit unsern Fingernägeln bewerkstelligen wollten, kämen wir nicht sehr weit. Darum richten wir Stoffe, die wir der Natur entnehmen, zu *Werkzeugen* her, deren wir uns bei der Fertigung von Gebrauchs- und Verbrauchsgütern bedienen, und wir vervollkommnen diese Werkzeuge immer weiter und statten uns immer reichlicher damit aus. Anstatt unmittelbar die von uns benötigten oder begehrten Güter herzustellen, schlagen wir diesen *Umweg* ein, stellen zuerst Produktionsmittel her, vom zugespitzten und geschliffenen Stein bis zu unseren heutigen Werkzeugs- und Kraftmaschinen und ganzen Automatenstraßen, Computern usw. Diese „produzierten Produktionsmittel" treten zu den beiden ursprünglichen Produktionsfaktoren Natur und Arbeit als *abgeleiteter* dritter Produktionsfaktor hinzu; die Wirtschaftswissenschaft nennt ihn „Kapital".

Unverkennbar beruht die beispiellose Leistungsfähigkeit unserer Wirtschaft ganz entscheidend auf unserer glänzenden Ausstattung mit dieser Art von „Kapital". Die meisten Gegenstände unseres täglichen Gebrauchs und Verbrauchs lassen sich ohne produzierte Produktionsmittel nicht nur unvergleichbar mühsamer und zeitraubender, sondern überhaupt nicht herstellen. Körner kann man in der flachen Hand zerreiben, aber kein Brot backen! Der technische Fortschritt macht es uns möglich, die Fertigung von Gütern der Menge und/oder der Güte nach unvorstellbar zu steigern. Nichtsdestoweniger gibt es einen tiefsinnigen Streit darüber, ob oder in welchem Sinne dieses Kapital, d.i. die produzierten Produktionsmittel, wirklich produktiv, d.h. fruchtbar seien, ob sie Werte schaffen oder erzeugen oder doch dazu beitragen, Werte zu schaffen oder zu erzeugen.

Eine ältere Lehre schrieb nur der *Natur* Fruchtbarkeit zu; nur den Boden in Verbindung mit Sonnenschein und Regen bringe Früchte hervor; der Mensch mit seiner Arbeit vermöge nur das, was die Natur wie das Korn auf dem Feld oder das Erz im Schoß der Erde habe wachsen lassen, umzuformen, ihm eine andere

Gestalt zu geben, aber keine neuen Werte zu schaffen. Über eine solche Vorstellung können wir Menschen des technischen Zeitalters nur noch lächeln, sollten damit aber vorsichtig sein und uns vor Überheblichkeit in acht nehmen, denn im Grunde genommen haben wir nur *umgepolt*. An die Stelle der physiokratischen Lehre, nur der Produktionsfaktor Natur sei fruchtbar, ist die marxistische oder richtiger *vulgär*marxistische Lehre getreten, nur der *andere* ursprüngliche Produktionsfaktor, die menschliche Arbeit, schaffe Werte. Zwar benötige sie dazu das natürliche Substrat, den Stoff, an dem sie sich betätigt und den sie verarbeitet; aber die Natur sei rein passives *Ob*jekt; aktives *Sub*jekt sei nur die menschliche Arbeit.

Was gilt dann aber von den produzierten Produktionsmitteln, dem „abgeleiteten" Produktionsfaktor, worin sowohl Natur als auch menschliche Arbeit enthalten sind? Nach dieser Lehre schaffe die Arbeit Werte *nur*, während sie geleistet wird, also nur die lebendige, unmittelbar von der menschlichen Person ausgehende, von ihr nicht ablösbare Arbeit. Die tote, „vorgetane", in ihrem Erzeugnis oder Ergebnis, hier in den produzierten Produktionsmitteln „geronnene" Arbeit trage zwar unverkennbar in hohem Maß dazu bei, die Ergiebigkeit, den *technischen* Erfolg der sich ihrer bedienenden menschlichen Arbeit zu steigern, doch würde dadurch *nicht mehr an Wert* geschaffen; das Mehr an Erzeugnissen sei nicht gleichzusetzen mit einem Mehr an „Wert" oder Werten. Der Sinn dieser Aussage ist nicht ganz leicht zu entschlüsseln. Daß dank diesen produzierten Produktionsmitteln unsere Arbeit ein vielfach größeres Ergebnis, in vielen Fällen ein ohne sie überhaupt nicht mögliches Ergebnis erzielt, wird nicht bestritten; ebenso unbestritten und jedermann geläufig ist, daß wir *mehr* haben und demzufolge uns *mehr* leisten können als die Völker, die über keine so vollkommene Ausstattung mit produzierten Produktionsmitteln verfügen; trotzdem sollen wir uns dahin belehren lassen, diese produzierten Produktionsmittel seien nur *technisch* produktiv (was jeder Mensch sieht und was man deswegen auch keinem Menschen ausreden kann), dagegen seien sie *ökonomisch* unproduktiv, schüfen keine zusätzlichen „Werte". Man könnte sich denken, die Massenproduktion *verbillige* die Herstellung und senke die *Preise* in solchem Ausmaß, daß der Verkauf der größeren Menge keinen höheren Erlös erbringe als früher der Verkauf der geringeren Menge; das wäre zu verstehen, aber gerade so war es von Marx *nicht* gemeint (wir wissen auch, daß es – leider! – nur in sehr beschränktem Ausmaß zutrifft). Sicher ist, daß Marx selbst unter „Wert" und demzufolge auch unter „Mehrwert" weder die Brauchbarkeit (Gebrauchswert) noch den erzielbaren oder erzielten Erlös oder Preis (Tauschwert), sondern ein *Drittes* versteht; was man sich dann allerdings darunter vorstellen soll und worin *dieser* Wert sich sowohl von der Brauchbarkeit als auch vom Preis der Dinge unterscheidet, bleibt bei Marx dunkel; kein Wunder, daß der Vulgärmarxismus die schwer zu deutende Marxsche Lehre durch seine primitive, auf den ersten Blick so ungemein einleuchtende Wert- und Mehrwertlehre ersetzt hat.

Wie dem auch sei, der abgeleitete Produktionsfaktor „produzierte Produktionsmittel", dessen *technologische* Produktivität von niemand bestritten wird, führt im wirtschaftlichen und wirtschaftswissenschaftlichen Schrifttum die Bezeichnung „Kapital". Um ihn von anderen Kapitalbegriffen zu unterscheiden, wird er als *Real*- oder *Sach*- oder *Produktiv*-Kapital bezeichnet oder unter anderem Blickwinkel als *Sozial*kapital oder volkswirtschaftliches Kapital. Da aber die Abgrenzung sich als schwierig, ja eine genaue Abgrenzung sich als unmöglich erweist, werden nicht die produzierten allein, sondern *alle* Produktionsmittel oder kurzerhand das gesamte (Anlage-) Vermögen zum Produktivkapital gezählt. Reine Natur haben wir ohnehin kaum mehr; selbst der landwirtschaftlich genutzte Boden von heute ist längst nicht mehr „Boden" = Natur im Sinn der Lehre von den Produktionsfaktoren, sondern ist erst durch die jahrhundertelange Bebauung durch den Menschen zu dem geworden, was er heute ist. Ein Fabrikgrundstück lediglich als dieser Teil der Erdoberfläche betrachtet, mag „Boden" = reine Natur sein; Fabrikgrundstück, d.i. Standort, auf dem man eine Fabrik errichten und betreiben kann, ist es nur dank seinem Gleis- oder Wasserstraßenanschluß und Anschluß an die Versorgungssysteme für Strom u.a.m., also durchaus nicht von Natur; demzufolge erscheint es genauso wie Gebäude, Maschinen usw. unter „Anlagevermögen" als Real- oder Produktiv-Kapital auf der linken Seite der Bilanz.

Als Erwerbsvermögen

Mit dem Stichwort „Bilanz" ist eine ganz neue Bedeutung von „Kapital" ins Blickfeld getreten: Kapital = Vermögen, insbesondere Erwerbsvermögen.

In unserer Wirtschaft, in der alles käuflich und verkäuflich ist und als solches in Geld gewertet wird und einen Geldpreis hat, kann man in der Tat alles und jedes mit seinem in Geld veranschlagten Wert gleichsetzen und wird ihm gleichgesetzt. Auf diese Weise sind wir imstande, jedermanns Vermögen, gleichviel worin es besteht, d.i. alles, was ihm gehört, oder, genauer gesprochen, die Geldeswerte sämtlicher Bestandteile seines Vermögens zusammenzuzählen und in einer einzigen Geldziffer zusammenzufassen; das so in Geld geschätzte und in der einen Geldziffer zum Ausdruck gebrachte Vermögen nennen wir – namentlich dann, wenn er es im wirtschaftlichen Leben einsetzt – sein „Kapital".

Auch hier stellen sich Fragen der Abgrenzung. Handelt es sich um das Vermögen einer *physischen* Person, so bleiben im allgemeinen die für ihren und ihrer Familie persönlichen Gebrauch bestimmten Vermögensteile (auch das ist eine durchaus fließende Grenze) außer Ansatz. Im wesentlichen geht es um diejenigen Vermögensteile, die der Inhaber beruflich (nicht unbedingt *erwerbs*beruflich!) nutzt oder doch nutzen könnte und vielleicht auch nutzen sollte. Insofern ist die Bezeichnung Erwerbsvermögen oder Erwerbskapital ungenau und paßt namentlich dann nicht, wenn die Nutzung nicht dem Erwerb (der Gewinnerzielung), sondern anderen, insbesondere fremdnützigen Zwecken dient. Letzteres trifft auch zu auf Vermögen nicht-physischer Personen, insbesondere auf Unternehmensvermögen (beispielsweise gemeinnützige Unternehmen, mildtätige Stiftungen und dgl. mehr). Längst nicht alle Unternehmen streben Erwerb oder Gewinn an und setzen ihr Vermögen erwerbs- oder gewinnstreblich ein; da aber immerhin die weitaus meisten Unternehmen Erwerbsunternehmen sind, setzt der Sprachgebrauch Unternehmensvermögen rundweg mit Erwerbsvermögen oder Erwerbskapital gleich. So erweist unser Sprachgebrauch sich auch hier als ungenau mit der unvermeidlichen Gefahr der Mißverständlichkeit.

Dieses in seinem Geldeswert (wie immer dieser zu ermitteln sein mag) veranschlagte Erwerbskapital wird konkret zu einem namhaften, meist wohl zum überwiegenden Teil in Realkapital = produzierten Produktionsmittel bestehen; insofern überlappen sich die beiden Begriffsbereiche. Nichtsdestoweniger kommt es zu keiner Vermengung der Begriffe; die Geldziffer, des Erwerbskapitals ist nur das abstrakte Gegenbild zum konkreten *Real*kapital; aus diesem Grunde wird sie auch als *Formal*kapital bezeichnet. – Unter anderer Hinsicht bildet das, worüber ein einzelner, eine Gruppe von Personen, eine Gesellschaft oder ein Unternehmen verfügt und mit oder ohne Erwerbsabsicht als „okonomisches Potential" einsetzt, als *Individual*kapital oder einzelwirtschaftliches Kapital den Gegenbegriff zu dem, was als *Sozial*kapital oder volkswirtschaftliches Kapital in der Wirtschaft vorhanden ist.

Offenbar steht dieser Kapitalbegriff = Geldziffer eines Erwerbsvermögens dem, was der Sprachgebrauch des Alltags, aber auch der Juristen unter „Kapital" versteht, unvergleichlich *näher* als dem wirtschaftswissenschaftlichen Begriff des Produktionsfaktors Kapital = produzierte Produktionsmittel; nichtsdestoweniger deckt er sich nicht mit ihm, ist vielmehr umfassender. Außer Geld gleichviel welcher Art oder Erscheinungsform umgreift er *alles,* was irgendwie in Geld veranschlagt werden kann, sowohl physisch-reale Vermögensteile und Beteiligungen an solchen als auch ideelle Vermögensteile jeder nur denkbaren Art wie z. B. gewerbliche, literarische und künstlerische Urheber- und Verwertungsrechte u. a. m., Kartellquoten, ja selbst Rechte rein negativen Gehalts wie Wettbewerbsausschlußklauseln, Sperrpatente und dgl. mehr.

Bei Unternehmen

„Kapitalistische" Unternehmen sollten grundsätzlich alles, was als Aktiv- oder Passivposten in Geldeswert veranschlagt werden kann, in ihrem Rechnungswesen erfassen und zutreffend bewerten. Nun lassen sich aber die meisten und gerade die gewichtigsten Werte nicht rechnerisch genau ermitteln, sondern nur mehr oder weniger unbestimmt schätzen. Auch aus einer Vielzahl anderer Gründe weichen die Bewertungen nicht unerheblich von den tatsächlichen Werten ab. Zum Teil handelt es sich hier um zwingende Vorschriften unseres Handels (Wirtschafts-) und Steuerrechts, so insbesondere das dem Gläubigerschutz dienende *Niederstwertprinzip*, demzufolge insbesondere sogenannte nicht-realisierte Gewinne nicht ausgewiesen werden dürfen. Im gleichen Sinn darf beispielsweise auch der good-will eines Unternehmens nur dann aktiviert werden, wenn er käuflich erworben und ein Kaufpreis dafür gezahlt worden ist; der durch eigene Leistung (Tüchtigkeit, Zuverlässigkeit) erworbene good-will ist nicht aktivierungsfähig. Diese und andere Vorschriften führen dazu, daß das in den Bilanzen ausgewiesene (Brutto- und Netto-)Erwerbskapital nicht selten weit hinter dem wirklichen Wert zurückbleibt. – Wenn von der Kapitalkraft eines Unternehmens die Rede ist, kann sowohl das Brutto- als auch das Nettokapital gemeint sein; *beide* Größen sind von erheb-

licher Bedeutung. Nicht selten aber wird die Kapitalmacht eines Unternehmens sich weniger nach dem vorhandenen, in seinem Rechnungswerk ausgewiesenen Kapital bemessen als nach der ihm zu Gebote stehenden Möglichkeit, im Bedarfsfall sich weiteres Kapital (= zu Investitionszwecken verfügbares Geld) zu beschaffen. Wird schlicht nach dem Kapital eines Unternehmens gefragt, dann bezieht diese Frage sich in der Regel weder auf das Brutto- noch auf das Nettokapital, sondern auf einen Rechtsbegriff, nämlich das auf der rechten Seite der Bilanz erscheinende *nominelle* Gesellschafts- oder Eigenkapital. – Die soeben erwähnte Tatsache, daß das, was der Sprachgebrauch „Kapital" nennt, in den Bilanzen teils auf der linken, teils auf der rechten Seite zu finden ist, zeigt schlagend, wie willkürlich der Sprachgebrauch ist, wie eigens dazu geschaffen, den Unkundigen zu verwirren.

Bei Personen

Bei den *physischen* Personen stellt sich unter anderem die Frage, ob die durch Beitragszahlung zur sozialen Rentenversicherung erdienten Ansprüche (Anwartschaften) auf Rente im Fall der Invalidität und im Alter zu „kapitalisieren" und als „Vermögen" anzusehen sind. Offenbar kann man die versicherungsmathematisch zu errechnenden Kapitalwerte sämtlicher derzeit bestehenden Ansprüche (Anwartschaften) zusammenzählen und kommt damit auf eine astronomische Ziffer. Kann man auch, das ist die Frage, dem *einzelnen* Rentenanwärter oder Rentner den kapitalisierten Wert *seines* Rentenanspruchs als *sein* Vermögen *zurechnen?* Unbestrittenermaßen befindet derjenige, dessen Ruhestand nach Abschluß seines Arbeitslebens auf diese Weise gesichert ist, sich in einer wesentlich besseren Lage als der Ungesicherte; um sich ein zutreffendes Bild seiner Lage zu machen, muß man diese Sicherung unbedingt einbeziehen. Dagegen ihm diese Sicherung als „Vermögen" anzurechnen, würde ein ganz und gar unzutreffendes Bild ergeben. Nicht nur, weil dieses „Vermögen" für ihn kein „ökonomisches Potential" ist; er kann weder rechtlich noch tatsächlich darüber verfügen. Zur vollendeten Spiegelfechterei mit Zahlen aber wird es, wenn man dieses (angebliche) Vermögen in ein Zahlenbild des Volksvermögens und seiner Verteilung auf die verschiedenen Bevölkerungskreise einsetzt und es als Anteil der Arbeitnehmerschaft am Volksvermögen dem Anteil der „besitzenden" Kreise gegenüberstellt. Auf diese Weise läßt sich die trügerische Vorstellung erwekken, als bestünde bei uns eine ziemlich gleichmäßige Vermögensverteilung. Die Täuschung kommt dadurch zustande, daß man die diesen Ansprüchen gegenüberstehende, *ebenso* hohe und von dem *gleichen* Bevölkerungskreisen zu tragende Aufbringungslast *verschweigt.* Wer ein Grundstück, ein Wertpapier oder ein Sparbuch hat, kann es der nachwachsenden Generation *vererben* (es fließt generations*ab*wärts); die Rentenzahlungen an die Invaliden und Alten muß die nachwachsende Generation überhaupt erst *erarbeiten* (sie fließen *rück*läufig zur älteren Generation hinauf!). – Versteht man unter „Kapitalismus" oder kapitalistischer Gesellschaft, daß eine gesellschaftliche Minderheit im Besitz des wesentlichen Kapitals = Vermögens ist, dann ändert die soziale Rentenversicherung, so segensreich und unentbehrlich sie auch ist, am kapitalistischen Charakter der Gesellschaft nicht das mindeste.

‚human capital'

Die Spannweite des Bogens vom Kapital in Gestalt von Anlage- und Umlaufvermögen bis zu „kapitalisierten" Ansprüchen oder Anwartschaften auf Renten erscheint unüberbietbar, und doch spannt der Bogen sich noch weiter. Gerade eine streng okonomische Betrachtungsweise drängt dahin, den Begriff Kapital = Vermögen noch weiter zu fassen. Schon spricht man – zur Zeit noch englisch, ein Zeichen dafür, daß der Gedanke sich erst einzubürgern beginnt – von ‚human capital' und von Investitionen in ‚human capital'. Daß bessere Ausbildung, aber auch ein Diplom über einen bestimmten Ausbildungsgrad geeignet ist, zu höherem Einkommen zu verhelfen, ist keine neue Erkenntnis. Kann man aber, das ist die Frage, den Besitz eines solchen Diploms in Geldeswert veranschlagen als „kapitalisierten" Wert des davon zu erwartenden oder damit zu erzielenden Zuwachses an Einkommen? – Auf der einen Seite ist unbestreitbar: solange Faktoren, die für die wirtschaftliche Leistungsfähigkeit so entscheidend wichtig sind wie Wissen und Können, in unserem Rechnungswesen nicht in Erscheinung treten, sondern nur die für Erziehung und Ausbildung gemachten *Aufwendungen*, ist dieses Rechnungswesen grundsätzlich unvollkommen und sind seine Auskünfte in hohem Grade fragwürdig. Auf der anderen Seite graust einem bei der Vorstellung, die Menschen und ihre menschlichen Qualitäten in Geldeswert veranschlagt zu sehen. Nichtsdestoweniger muß man unterscheiden. Die privaten US-amerikanischen Universitäten müssen Nachweise über ihre hinreichende wirtschaftliche Fundierung erbringen. Die von katholischen Orden betriebenen Universitäten erbringen diesen Nachweis zum Teil in der Weise, daß die Diplome ihrer durch Ordensgelübde gebundenen Mitglieder des Lehrkörpers mit bestimmten Beträgen als Fundationskapital angerechnet werden (kapitalisierter Wert der ersparten Gehälter!). Das ist gewiß kein Attentat auf die Menschenwürde dieser Ordensleute, ist vielmehr eine Anerkennung ihres durch ihre Ordensgelübde religiös gesicherten Einsatzes. Ganz gewiß aber läßt sich das nicht verallgemeinern. Die Grenze, die unter keinen Umständen überschritten werden darf, läßt sich nicht generell fixieren – aber es gibt eine solche Grenze; beim Handel mit Fußballgrößen ist sie bereits in erschreckender Weise sichtbar geworden und überschritten.

Wortgebrauch als Metapher

Alle bisher erörterten Wortbedeutungen von Kapital – human capital nicht ausgenommen – bilden eine Begriffsreihe und sind Spielarten eines und desselben *ursprünglichen* Oberbegriffs „Kapital". Zu diesen vielfältigen ursprünglichen Wortbedeutungen kommt nun noch der Gebrauch des gleichen Wortes als *Metapher* hinzu. Im Gegensatz zu diesen ursprünglichen Wortbedeutungen, die alle ohne jedes Pathos nichts anderes als nüchterne Tatsachen des wirtschaftlichen Lebens bezeichnen, ist der *metaphorische* Gebrauch des Wortes „Kapital" durchaus nicht mehr frei von Pathos und Emphase. Das gilt insbesondere, wenn wir von „Kapital und Arbeit" sprechen; alsdann meinen wir nicht mehr Dinge oder Vorgänge der Sachenwelt, sondern meinen *Menschen*, gesellschaftliche Gruppen oder Großgruppen von Menschen, für die sich die schlagwortartigen Bezeichnungen Kapital und Arbeit eingebürgert haben.

Wurde an früherer Stelle die Redeweise beanstandet, das Kapital „arbeite" in dem Unternehmen, in dem es investiert ist, und mußte ihr entgegengehalten werden, nur der Mensch arbeite, das Kapital sei dessen ganz und gar unfähig, so ist nunmehr einschränkend klarzustellen, daß dies nur vom Kapital im ursprünglichen Wortsinn gilt, dagegen nicht mehr zutrifft, wenn wir im metaphorischen Sinn unter „Kapital" die Menschen verstehen, die über Kapital verfügen und es für irgendwelche Zwecke einsetzen. Diesbezüglich obwaltet zwischen Kapital und Arbeit ein grundlegender Unterschied. Die Arbeit (der Produktionsfaktor Arbeit) ist *immer* etwas Menschliches; um von der Arbeit zum arbeitenden Menschen überzugehen, bedarf es nicht in jedem Fall einer Metapher; sehr viele Aussagen, die wir über die Arbeit machen, gelten ohne weiteres gleichsinnig auch vom arbeitenden Menschen. Dagegen ist Kapital im ursprünglichen Wortsinn immer etwas *Außer*menschliches. Das gilt nicht nur ganz offensichtlich vom Real- oder Produktivkapital, sondern, recht verstanden, auch vom ‚human capital', da wir darunter ja nicht den in Geld gar nicht zu bewertenden Menschen mit seinen gleicherweise nicht in Geld zu veranschlagenden Eigenschaften verstehen, sondern den Geldeswert der ökonomischen Nutzbarkeit seiner ökonomisch relevanten Fähigkeiten und etwaiger von ihm erworbener Berechtigungsscheine. Was immer wir vom Kapital, sei es als Realkapital, sei es als Formalkapital, aussagen, gilt *nicht* und schon gar nicht *ohne weiteres* von dem über Kapital verfügenden oder Kapital einsetzenden Menschen, kann vielmehr höchstens in einem abgeleiteten Sinn auf ihn übertragen werden.

Ein großer Teil der in der Kapitalismusdebatte herrschenden Verwirrung ließe sich vermeiden, wenn dieser Unterschied beachtet würde. So aber wird fälschlich dem Kapital zugeschrieben oder angelastet, was die *Menschen* mit ihm anstellen, wozu sie es gebrauchen oder – leider in großem Ausmaß – mißbrauchen. Nichts gegen den metaphorischen Sprachgebrauch des Wortes Kapital; nur darf er nicht zur Mystifikation führen, das gegenständliche Kapital zu *personifizieren.*

Die gesellschaftlichen Gruppen „Kapital" und „Arbeit"

In der (gesellschafts-)politischen Diskussion sind, wie schon angedeutet, mit „Kapital und Arbeit" fast immer diese beiden gesellschaftlichen Gruppen gemeint; diese Gruppen sind daher näher zu umschreiben: *wer* ist gemeint, *wer* gehört zu je einer dieser einander gegenüberstehenden gesellschaftlichen Gruppen?

Für die Seite der *Arbeit* ist diese Frage verhältnismäßig leicht zu beantworten. Mit „Arbeit" ist gemeint die gesellschaftliche Großgruppe derer, die ihren Lebensunterhalt durch in fremden Diensten (meist auch an fremden Produktionsmitteln) geleistete Arbeit erwerben (müssen), einschließlich ihrer Familien. – Strenggenommen gilt dies aber nur von denen, die bloß *ausführende* Arbeit leisten, und darum läßt auch dieser Personenkreis sich nicht scharf abgrenzen. Wer in leitender Stellung tätig ist, das sogenannte Management, dessen Lebenslage ist nicht mehr von der *abhängigen* Arbeit geprägt; er verfügt zwar nicht über eigenes Kapital, aber doch weitgehend *un*abhängig über das Kapital anderer Leute. – Die früher üblich gewesene ..." Bezeichnung Proletarier oder Proletariat, die Karl Marx noch als Ehrenname verstand, ist in Abgang gekommen; unsere heutigen Arbeitnehmer lehnen diese Bezeichnung als herabsetzend, ja entwürdigend ab; in ihren Ohren klingt sie an Lumpenpack an. – Daß, wenn es um das Gegensatzpaar Kapital/Arbeit geht, auf der Seite der Arbeit *dieser* Personenkreis und kein anderer gemeint ist, steht außer Zweifel; gedacht wird allerdings meist nur an die *industrielle* Arbeitnehmerschaft; die im Handwerk und in der Landwirtschaft abhängig Beschäftigten spielen in diesem Fall keine Rolle oder doch nur eine unbedeutende Nebenrolle und verschwinden daher im Halbdunkel des Randbewußtseins oder tauchen im Volldunkel des Unterbewußtseins unter.

Schwieriger ist es, den Personenkreis zu umschreiben, der als „Kapital" angesprochen wird. – Dort, wo *das* Kapital und *die* Arbeit konfrontiert werden, d. i. auf dem Arbeitsmarkt oder im *arbeits*rechtlichen und, etwas weiter gefaßt, im sozial- und gesellschaftspolitischen Bereich, bezeichnet Kapital im umfassendsten Sinn die der Arbeitnehmerschaft gegenüberstehende Arbeitsmarktpartei, also die Arbeitgeber. – Im *vermögens*rechtlichen Sinn bezeichnet „Kapital" die besitzenden oder vermögenden Kreise, das Bürgertum, vornehmlich das Großbürgertum. – Auf die *Wirtschaft* bezogen besagt „Kapital" *entweder* die Geldgeber („Kapitalisten") im Unterschied von den Unternehmern, d. i. denen, die diese Gelder unternehmerisch nutzen (Unternehmer im funktionellen Sinn), *oder* speziell die über eigenes Kapital verfügenden und damit auf eigene Rechnung wirtschaftenden sogenannten *selb*ständigen Unternehmer im Unterschied von den mit fremdem Kapital und auf fremde Rechnung wirtschaftenden sogenannten „beauftragten" Unternehmern, den „Managern". – Spricht man von *Industrie*kapital, dann sind gemeint die an der Spitze industrieller Unternehmen stehenden und als Interessenvertreter des in diesen Unternehmen investierten Kapitals gewerteten industriellen Unternehmer mit oder ohne Einschluß dieser Unternehmen selbst. Entsprechend werden mit *Finanz*kapital die großen Financiers bezeichnet, insbesondere die Leiter großer und einflußreicher, auf weite Bereiche der Wirtschaft Einfluß ausübenden Finanz-(Geld-, Kredit-, Versicherungs-)Institute und Kapitalsammelstellen aller Art, vielfach auch wieder unter Einschluß dieser Institute selbst und des von ihnen verwalteten (gegenständlichen) Finanzkapitals. – *Internationales* Finanzkapital bezeichnet alsdann näherhin diejenigen Institute) ‚haute banque') und deren Leiter, die mit ihren Finanzierungsgeschäften nicht nur die Landesgrenzen überschreiten, sondern in der Lage sind, das Gewicht ihrer Finanzmacht international einzusetzen, es von einem Land ins andere zu verlagern und dadurch der wirtschaftlichen Entwicklung der betroffenen Länder starke Impulse zu geben, nicht minder aber auch ihnen empfindliche Schläge zu versetzen. – Im einzelnen ist der Sprachgebrauch sehr nuanciert und flexibel. Die Übergänge von den Personen zu den Instituten, vom persönlichen Einfluß und Ansehen der maßgeblichen Persönlichkeiten zur Macht der Institution und zum Gewicht der Sachmittel, über die sie verfügen und umgekehrt, sind fließend. – Soweit Geld-

und Kreditinstitute der öffentlichen Hand, Staats- und Kommunalbanken sich als „Geschäftsbanken" betätigen, werden üblicherweise auch sie und ihre Leiter zum Finanzkapital gezählt, nicht dagegen im allgemeinen Institute von der Art der Zentral- oder Notenbanken der einzelnen Länder oder überstaatliche Gebilde, wie der Internationale Währungsfonds und deren leitende Persönlichkeiten, denen es obliegt, den inneren und äußeren Zahlungsverkehr zu organisieren und die Währung(en) in Ordnung zu halten. Obwohl diese Institute ihre Wirksamkeit zum großen Teil durch Tätigung von Geldgeschäften ausüben (am inneren Geld- und Kapitalmarkt und an den internationalen Devisenmärkten „intervenieren"), rechnet die öffentliche Meinung sie durchaus begründeterweise nicht der Wirtschaft zu, sondern sieht in ihnen behördliche oder behördenähnliche, mit staatlicher oder überstaatlicher Hoheit bekleidete, ausschließlich dem allgemeinen Wohl verpflichtete Institutionen, die als solche keine „Kapitalinteressen" verfolgen.

Kapitalinteressen

In dem zusammengesetzten Wort „Kapitalinteressen" wie auch in Wortverbindungen wie Verwertungsstreben des Kapitals und ähnlichen stoßen wir immer wieder auf *Personifikationen* des Kapitals (s. oben S. 17/18). Solche Personifikationen sind in unserer Sprache geläufige und durchaus zulässige Metaphern. Wo immer sie uns begegnen – und in der Kapitalismusdebatte begegnen sie uns auf Schritt und Tritt –, gilt es, sie als solche zu *erkennen* und uns in Erinnerung zu rufen: Kapital im ursprünglichen Wortsinn (gegenständliches Kapital) erstrebt nichts, begehrt nichts, hat keinerlei Interesse; Interessen hat immer nur der *Mensch.* Darum unerbittlich fragen: *wer,* welche Personen oder welche Kreise von Personen treten hier unter der Maske des „Kapitals" und seines angeblichen Interesses auf, und was ist *deren* wirkliches Interesse; wonach streben *sie,* wenn sie – wie wir voraussetzen – intelligent genug sind, um ihre Interessen richtig zu verstehen?

Zum Schluß noch ein gewichtiger Vorbehalt: Trotz ehrlichen Bemühens, hier einen Überblick zu bieten über die ganze Breite und Vielfalt der Bedeutungen, in denen von „Kapital" die Rede ist, kann der Verfasser keine Gewähr dafür übernehmen, daß auf den folgenden Seiten dieses Wort nicht auch ihm selbst noch in einer anderen Bedeutung entschlüpft. Die lebende Sprache nicht nur des Alltags, sondern auch der Wissenschaft wandelt nun einmal den Sprachgebrauch unermüdlich ab und prägt immer neue Wortbedeutungen oder wenigstens neue Abschattungen des Sinnes, in dem gerade die geläufigsten Ausdrücke gebraucht werden – und zu ihnen gehört in unserer Welt nun einmal auch das Wort „Kapital".

Kapitalismus doch ein „System"?

Bei den vielen „Ismen", die wir haben – von „Anarchismus" bis „Zionismus" –, handelt es sich um Doktrinen, vielleicht Ideologien, um Lehr- oder Normen-Systeme, um Erklärungen oder Sinndeutungen, die meist eine Kritik dessen, was *ist,* mit einem Programm dessen verbinden, was ihrer Absicht nach *sein soll.* In diesem Sinn ist der Kapitalismus kein „Ismus", den man als Alternative anderen „Ismen" –

beispielsweise Sozialismus, Kommunismus oder wie immer – gegenüberstellen könnte. Zwar findet sich das Begriffspaar Kapitalismus/Sozialismus sogar in kirchenamtlichen Verlautbarungen, aber die beiden bilden kein echtes Paar. Das, was die Menschen meinen, wenn sie von Kapitalismus reden, ist kein „System", sondern eine höchst komplexe Realität; indem man sie zu einem „System" hochstilisiert, schreibt man ihr – vermutlich ohne sich dessen bewußt zu sein – ein solches Maß an innerer Kohärenz und Konsistenz zu, daß nur die Wahl bleibt, sie als Ganzes, so wie sie ist, entweder zu bejahen und folgerecht sich für ihren Fortbestand einzusetzen, oder zu verneinen und ebenso folgerecht ihre völlige Beseitigung zu betreiben. Ein „kapitalistisches System" in diesem Sinne gibt es nicht, sondern einen Komplex oder ein Konglomerat von zum Teil recht unterschiedlichen Erscheinungen, von denen manche auch in Kombinationen mit anderen Faktoren auftreten und sich zu entsprechend andersartigen Gebilden zusammenfügen könnten.

Zwei Grundbedeutungen von „Kapitalismus

Fragen wir, welche Elemente, Faktoren oder Komponenten es in der Hauptsache sind, die in ihrer derzeitigen Kombination das ergeben, was wir alle meinen, wenn wir zunächst unsere heutige *Wirtschaft* oder genauer gesprochen die bei uns bestehende Wirtschaftsweise als „kapitalistisch" bezeichnen, so ist zweifellos an erster Stelle dasjenige Element zu nennen, von dem der Name „Kapitalismus" hergeleitet ist, also das *Kapital.* Eben damit sind aber bereits ebenso viele Sichten oder Sinndeutungen von „Kapitalismus" eröffnet, wie es Begriffe oder Wortbedeutungen von „Kapital" gibt. Für das, was wir heute mit „Kapitalismus" meinen, spielt Kapital in allen vorstehend erläuterten Wortbedeutungen eine Rolle. Zwar dürfte die Aussage, *jeder* Wortbedeutung von Kapital lasse sich ein ihr entsprechender Kapitalismus zuordnen, leicht übertrieben sein und wird es sich in der Mehrzahl der Fälle nur um Abwandlungen einer verhältnismäßig kleinen Zahl von Grundtypen handeln. In der grundsätzlichen Auseinandersetzung ging es – mindestens in der Vergangenheit – vor allem um *zwei* Haupttypen; ihre Grundlage bildeten die beiden Kapitalbegriffe 1) Kapital = produziertes Produktionsmittel und 2) Kapital = Geldziffer eines Erwerbsvermögens. Je nachdem, welchen von beiden man zugrunde legt, gelangt man zu grundlegend verschiedenen Vorstellungen von dem, was man mit der Bezeichnung „Kapitalismus" treffen will, und zu nahezu gegensätzlichen Urteilen über Wert oder Unwert des „Kapitalismus".

1. „Kapitalismus" im technologischen Sinn

Für unsere als „kapitalistisch" bezeichnete Wirtschaft sind die produzierten Produktionsmittel unverkennbar von ganz außerordentlicher und namentlich von unvergleichlich größerer Bedeutung, als dies in primitiveren Wirtschaften der Vergangenheit der Fall war und in zurückgebliebenen Wirtschaften der Gegenwart immer noch der Fall ist. Obwohl keine Wirtschaft sich ganz ohne produzierte Produktionsmittel behilft, die Verwendung produzierter Produktionsmittel also keinen wesentlichen, sondern nur einen gradmäßigen Unterschied zwischen verschiedenen Wirtschaftsweisen bedeutet, so ist doch das hohe und immer noch steigende Ausmaß, in dem unsere Wirtschaft sich ihrer bedient, ein für sie *kennzeichnendes* Merkmal, auf Grund dessen man sie treffend als „kapitalistisch" bezeichnen kann. Ebenso gewiß aber ist, daß die am Kapitalismus geübte Kritik sich nicht am reichlichen Vorhandensein, an der immer erfolgreicheren Anwendung oder am Streben nach ständiger Vermehrung und Vervollkommnung dieser Produktionsmittel entzündet, sondern ganz anderes anzielt. Allerdings gibt es auch Kreise, die im technischen Fortschritt als solchen eine Gefahr für die Menschheit oder die Menschlichkeit erblicken und ihn darum ablehnen; sie pflegen aber nicht als Kapitalismus-Kritiker aufzutreten. Die weitaus meisten Menschen dagegen schätzen den technischen Fortschritt, begrüßen seine Nutzbarmachung im Dienste der Gütererzeugung und legen dabei auftretende unerfreuliche Erscheinungen wie diese, daß die Menschen sich an die Maschine und an deren Tempo anpassen müssen, statt daß die Maschinen und ihr Tempo den Menschen angepaßt werden, nicht der Verwendung produzierter Produktionsmittel und dem technischen Fortschritt zur Last, erwarten vielmehr gerade von ihm, er werde im weiteren Fortschreiten diesen Übelständen abhelfen, deren Ursache nicht bei ihm liege, sondern an anderer Stelle zu suchen sei. Hiernach bestünde der Kapitalismus nicht in der gesteigerten Anwendung produzierter Produktionsmittel, sondern wäre die *Ursache* und trüge die *Schuld* daran, daß bei einer an sich so guten und erfreulichen Sache so beklagenswerte Übelstände auftreten.

Kapitalismus als die „auf Verwendung produzierter

Produktionsmittel beruhende und auf deren Vermehrung abzielende Wirtschaftsweise" zu definieren, trifft also unbestreitbar ein im höchsten Grad kennzeichnendes *technologisches* Merkmal unserer heutigen Wirtschaftsweise, aber ebenso gewiß *nicht* das, worum es bei der Diskussion um den Kapitalismus geht und woran die Kritik am Kapitalismus sich entzündet hat. Gegen sinnvolle Anwendung und planvolle Vermehrung produzierter Produktionsmittel hat im Grunde genommen niemand etwas einzuwenden; ein solch *harmloser* Kapitalismus hätte niemals leidenschaftliche Kritik und noch weniger eine weltweite Gegenbewegung ausgelöst. Mit dieser Begriffsbestimmung ist nicht das getroffen, worum es wirklich geht; sie erscheint vielmehr eigens dazu erfunden zu sein, um vom Thema abzulenken.

Von diesem technologisch verstandenen Kapitalismus = Verwendung und Vermehrung produzierter Produktionsmittel soll hier nicht weiter die Rede sein. Ganz gewiß ist zur Technik, zum technischen Fortschritt, zu Automation, Roboter, Mikroprozessoren, EDV usw. unter anthropologischer und kulturkritischer Hinsicht sehr viel zu sagen; hier aber würde es nur vom Thema abführen. Was in diesen Bereichen als Fehlentwicklung zu beurteilen ist, ob und zutreffendenfalls welche Fehlentwicklungen vorliegen, darüber haben Vertreter anderer wissenschaftlicher Disziplinen ihr Urteil abzugeben und die Maßstäbe für die Urteilsfindung zu erarbeiten; *von ihnen* hat die Kapitalismuskritik nur die *Ergebnisse* zu übernehmen und die *Schuld*frage zu klären, ob oder inwieweit sie einem wie immer zu verstehenden „Kapitalismus" *anzulasten* seien. In eigener Zuständigkeit dagegen hat die Kapitalismuskritik sich mit der Frage zu befassen, *wie* in unserer Wirtschaft die Nutzung der Produktionsmittel organisiert ist oder wird; im Gegensatz zum technologischen könnte man hier von *soziologischem* Kapitalismus sprechen.

2. „Kapitalismus" im soziologischen Sinn

An der Organisation des Sozialprozesses unserer Wirtschaft ist das als *Geldziffer eines Erwerbsvermögens* verstandene Kapital in derart maßgeblicher Weise beteiligt, daß das „Kapital" im metaphorischen Wortsinn, d. i. die gesellschaftliche Gruppe der Inhaber solcher Vermögen, in diesem Sozialprozeß eindeutig die *Sub*jektstellung einnimmt, eben dadurch sind alle anderen mehr oder weniger auf die bloße *Ob*jektrolle beschränkt. Das und nichts anderes ist der Sachverhalt, den die Kapitalismuskritik meint und gegen den sie angeht.

Damit sind auch bereits die beiden *Themenkreise* der Kritik eines so verstandenen „Kapitalismus" bezeichnet:

a) Kritik an der *Rolle,* die das Erwerbsvermögen und das ihm zugeschriebene Verwertungsstreben, in Wirklichkeit das Erwerbsstreben seiner Inhaber, im Sozialprozeß der Wirtschaft spielt;

b) Kritik an der *Struktur der Wirtschaftsgesellschaft,* derzufolge eine Minderheit dank ihrer Ausstattung mit Erwerbsvermögen die *Sub*jektstellung innehat, wogegen die große Mehrheit sich auf die *Ob*jektrolle verwiesen sieht.

a) Erwerb und Erwerbsstreben

Daß der Mensch danach strebt, sich das, was er benötigt, zu beschaffen oder zu erwerben, versteht sich von selbst und ist völlig unbedenklich. In diesem Sinn strebt jeder Mensch, gleichviel in welcher Gesellschafts- und Wirtschaftsordnung er lebt, nach Erwerb, und gegen solches Erwerbsstreben erhebt niemand Einwendungen. Das Streben kann aber weitergehen und geht tatsächlich weiter. Der Mensch begehrt nicht nur das Lebensnotwendige, auch nicht nur das unter irgendwelcher Rücksicht Nützliche, sondern auch das Angenehme; auch das ist nicht nur unbedenklich, vielmehr durchaus zu bejahen. Solange gewisse Grenzen nicht überschritten werden, trägt solches Streben nach Hebung der Lebenslage durch quantitativ und qualitativ bessere Versorgung oder Ausstattung mit Mitteln sowohl zur persönlichen Entfaltung des einzelnen als auch zum kulturellen Aufstieg der Allgemeinheit bei. Eindeutig überschritten wird die niemals scharf zu ziehende Grenze da, wo das Erwerbsstreben zum *Selbstzweck* wird und so, anstatt durch die Mittelbeschaffung der Entfaltung der Persönlichkeit zu *dienen*, den Menschen an den Erwerb *versklavt* und an der sinnvollen Nutzung des Erworbenen *hindert*. Das kann, wie die Erfahrung lehrt, so weit gehen, daß das Sinnen und Trachten sich ganz dahin vereinseitigt, nur den Besitz immer weiter zu vermehren, wobei die Frage nach dem Wozu völlig aus dem Blickfeld entschwindet.

In *vor*kapitalistischen Wirtschaften besteht der Reichtum in physisch-konkreten Gütern; demzufolge richtet das Erwerbsstreben sich auf *deren* Erwerb. Der Reichtum der alttestamentlichen Patriarchen bestand in großen Viehherden sowie in Gold und anderen Kostbarkeiten. Dieser Reichtum ist in der Hauptsache *Genuß*vermögen; er begründet eine angesehene gesellschaftliche Stellung und gestattet eine aufwendige Lebenshaltung; obwohl ein Teil dieses Reichtums (die Viehherde) an sich *produktiv* ist und sich auf natürliche Weise vermehrt, wird er nicht als *Erwerbs*vermögen angesehen und noch weniger zielbewußt als solches genutzt; dasselbe gilt nach erfolgter Seßhaftmachung vom Grundbesitz. Ein besonders anschauliches Beispiel aus jüngerer Zeit sind die oberschlesischen Wälder. Aus deren Erträgen ließen ihre Herren sich Schlösser erbauen, und in diesen Wäldern betrieben sie Jagd auf Hirsche und Wildschweine; auf den Gedanken, sie statt als Genußvermögen als Erwerbsvermögen zu nutzen, auf der Grundlage ihres Holzes und ihrer Bodenschätze eine Industrie aufzubauen, kamen ihre Besitzer erst im 19. Jahrhundert; ihren Vorfahren hatte ein solcher Gedanke völlig fern gelegen.

Handelskapitalismus. Wo der Reichtum in *Geld* bestand, kam verhältnismäßig früh der Gedanke auf, es *händlerisch* als Erwerbsvermögen zu nutzen; so haben wir schon einige Jahrhunderte vor dem Industriekapitalismus Beispiele eines hochentwickelten *Handels*kapitalismus. Zweifellos hat dieser, namentlich in den italienischen Städterepubliken, aber auch in den Hansestädten und bei uns insbesondere im süddeutschen Raum entwickelte Handelskapitalismus einem nicht in Sachgütern, sondern in Geldgrößen denkenden *abstrakten* Erwerbsstreben Vorschub geleistet, das in unvergleichlich höherem Grade der Gefahr ausgesetzt ist, zum Selbstzweck, zum Streben nach Erwerb um seiner selbst willen zu entarten.

Industriekapitalismus. Solange es Geld nur in Gestalt gemünzten Edelmetalls sowie „Kaufmannsgeld" in Gestalt von auf solches Geld lautenden Wechselverschreibungen gibt, sind solchem Erwerbsstreben verhältnismäßig enge Grenzen gesetzt. Diese Grenzen fallen in dem Maße, wie die sich allgemein durchsetzende Geldrechnung es mit sich bringt, daß *jedes* wirtschaftliche nutzbare Gut, über das jemand verfügt, zu in Geldeswert veranschlagbarem und als solchem erwerbswirtschaftlich nutzbarem Vermögen, zu „Kapital" im Sinne von Erwerbsvermögen wird. Auf diese Weise erhält das Erwerbsstreben, das sich nicht auf den Erwerb benötigter oder nützlicher *konkreter* Dinge richtet, sondern auf die Vermehrung des *abstrakt* in einer Geldziffer ausgedrückten Erwerbsvermögens abzielt, eine unvergleichlich breitere Grundlage. Machte das Geld früher nur einen kleinen Teil des Reichtums aus, so ist nunmehr alles zu „Geld" geworden; konnten früher nur die Geldbesitzer sich diesem abstrakten Erwerbsstreben hingeben, so können nunmehr alle einigermaßen „vermögenden" Leute sich daran beteiligen.

Zwischen dem auf Erwerb physisch-konkreter Güter gerichteten und dem abstrakten, auf Mehrung des in einer Geldziffer ausgedrückten Vermögens abzielenden Erwerbsstreben besteht ein ganz grundlegender Unterschied. Ersteres trägt eine innere Begrenzung in sich: je näher wir dem Sättigungsgrad kommen, um so schwächer wird das Begehren danach; bei erreichtem Sättigungsgrad erlischt es. Früher oder später tritt dieser Sättigungsgrad bei allen Gütern ein, worauf das Begehren sich andern Gütern zuwenden kann. Einzig und allein das Streben nach Mehrung des in einer abstrakten Geldziffer ausdrückbaren Erwerbsvermögens macht davon eine Ausnahme; es kennt keine Sättigung; im Gegenteil, beim Aufstieg zu immer höheren Ziffern schwächt es sich nicht bis zum Erlöschen ab, sondern steigert sich nur noch mehr. Bezeichnend dafür ist die bei Groß- und Größtunternehmen immer häufigere „Diversifikation". Bis dahin war man eine Weltfirma der Chemie oder der Elektrotechnik oder was immer und strebte konkret Wachstum in der eigenen Branche an; das erforderte ebenso konkrete Pionierleistungen in dieser Branche; das Erwerbsstreben war darin eingebunden und eben dadurch wirksam geschützt vor der Entartung zum Selbstzweck. Mit der Diversifikation, d.i. mit dem Zusammenramschen der verschiedenartigsten Sparten in einem Mischkonzern wird das *Leistungs*streben unvermeidlich auf ebenso viele Teilbereiche verzettelt und in die zweite Linie zurückgedrängt; das abstrakte *Erwerbs*streben setzt sich in Führung. Hinfort interessiert wesentlich nur noch die im Abschluß auszuweisende abstrakte Erfolgsziffer, die keinen konkreten Bezug mehr erkennen läßt auf das, was an nützlichen Gütern erzeugt oder an nützlichen Diensten geleistet worden ist. Erfreulicherweise ist eine solche Verselbstzwecklichung des Erwerbsstrebens, wie wir es im bunt zusammengewürfelten Mischkonzern erleben, auch heute keineswegs die Regel, sondern immer noch die Ausnahme. Der großen Mehrzahl nicht nur der kleinen und mittleren, sondern auch der großen, und zwar sowohl der selbständigen als auch der beauftragten Unternehmer geht es eben doch nicht ausschließlich und allein um den abstrakten, in Geld gemessenen Erfolg, sondern an erster Stelle um die sichtbare und greifbare *Leistung.*

‚homo oeconomicus'. Damit befinden wir uns bei der Frage nach der *Motivation* und geraten damit etwas

auf den Abweg von der Analyse der kapitalistischen Wirtschaftsweise zur Soziologie des kapitalistischen Unternehmertums. In der modelltheoretischen Analyse erscheint der Unternehmer als der nur an der Gewinnmaximierung interessierte homo oeconomicus, aber schon unsere aus der Erfahrung des Lebens gewonne Menschenkenntnis sagt uns, daß es ein solches Monstrum nicht gibt, und nur ein wenig vertieftes Nachdenken genügt, um zu erkennen, daß die Menschennatur einer solchen Vereinseitigung und Verkehrung überhaupt nicht fähig ist. Der Unternehmer, wie wir ihn kennen, ist an seinem Unternehmen und an dessen Leistung als solcher, d.h. in concreto, interessiert. *Schumpeter* schildert ihn als den Mann, der schöpferisch neue Kombinationen von Produktionsfaktoren ersinnt und sie in die Tat umsetzt. Bleibt der Durchschnitt der Unternehmer auch weit hinter diesem Schumpeterschen Unternehmerbild zurück, so zeichnet es doch das, was den echten Unternehmer ausmacht, durchaus zutreffend, und wem dieses Unternehmerbild nicht als leuchtendes Ziel seines Berufes vorschweben würde, dem nahezukommen er sich nach besten Kräften bemüht, der hätte nicht das Zeug zum Unternehmer und führte diesen Namen zu Unrecht. – Selbstverständlich muß jeder Unternehmer sehr genau darauf achten, wie das, was er unternimmt, sich im Rechnungswesen seines Unternehmens spiegelt, aber der echte Unternehmer lebt und wirkt nicht für das Zahlenwerk der Buchhaltung; das Hauptbuch ist für ihn nicht die „Seele" seines Unternehmens, sondern dessen unentbehrliche und sehr gewissenhaft beachtete *Kontrolle.* – Warum für ein (Erwerbs-)Unternehmen ein Mindestmaß an Überschuß, d.h. an

Mehrung des in einer Geldziffer ausgedrückten Erwerbsvermögens um seiner Selbsterhaltung willen unerläßlich ist, wird an anderer Stelle zu begründen sein; hier genügt der Hinweis, daß in einer dynamisch-expansiven Wirtschaft Stillstand bereits Rückgang bedeutet; ein Unternehmen, das nicht aus eigener Kraft wächst, befände sich damit bereits im Abstieg und ginge seinem Absterben entgegen.

Schulbuch-Kapitalismus und Realität. Demnach haben wir zu unterscheiden zwischen dem in den Schulbüchern modelltheoretisch entwickelten „Kapitalismus" = Wirtschaftsweise, bei der Erwerbsvermögen eingesetzt wird mit dem Ziele, dieses Vermögen oder genauer die Geldziffer, in der es ausgedrückt wird, zu vergrößern, und dem, was sich in Wirklichkeit in einer „kapitalistischen" Erwerbswirtschaft tut.

Erhebt man, wie namentlich die Schulbücher der Betriebswirtschaftslehre es zu tun lieben, einen „Kapitalismus" dieser Art zum *System* mit der Gewinnmaximierung als *Axiom*, dann *verabsolutiert* man das in sich selbst eines Maßes entbehrende und daher zur Übersteigerung ins Maßlose neigende *abstrakte* Erwerbstreben zum *Prinzip.* Ein solches „System" wäre unmenschlich. Eben darum gibt es dieses System nur in der Abstraktion der Lehr- und Schulbücher, aber nicht in der Wirklichkeit des Lebens. Unglücklicherweise übt aber das Lehrbuchmodell einen erzieherisch äußerst verderblichen Einfluß aus: das Denken des angehenden Wirtschaftsbeflissenen wird in eine gefährliche Richtung gelenkt, indem aller angeblichen oder vorgeschützten Wertfreiheit zum Trotz die Gewinnmaximierung *norma-*

tiv zum Sinn der Wirtschaft erhoben und zugleich als Lohn für strenge Befolgung des pleonastisch so genannten ökonomischen Rationalprinzips hingestellt wird. (Der Ethiker kann die richtig verstandene Kosten*minimierung* zum *Gebot* erheben, das Streben nach Gewinn*maximierung* jedoch nur unter einschränkenden Bedingungen *zulassen!)*
Der kapitalistischen Wirtschaft des praktischen Lebens droht ohnehin, wie die tägliche Erfahrung lehrt, die ernste Gefahr, daß das Erwerbsstreben sich verselbständigt, zum Selbstzweck aufwirft und maßlos auswächst; durch eine diese Wirtschaftsweise ideologisierende Theorie und die ihrem Einfluß unterliegende Bewußtseinsbildung wird diese Gefahr noch wesentlich erhöht. Demzufolge wird man sagen müssen, auch wenn diese Wirtschaftsweise *als solche* nicht zu beanstanden sei, so sei sie doch keineswegs wie die „auf Verwendung produzierter Produktionsmittel beruhende und auf deren Vermehrung abzielende" Wirtschaftsweise eine harmlose Angelegenheit; sie ist vielmehr in hohem Grade *gefahrvoll.* In christlicher Ausdrucksweise heißt das: *diese* Wirtschaftsweise bedeutet für den Menschen eine *Versuchung,* der er sich nur aus entsprechend gewichtigem Grund und nur mit den gebotenen Sicherungen versehen aussetzen darf.

b) Die Wirtschaftsgesellschaft und ihre Struktur

Die an der kapitalistischen Erwerbswirtschaft unter der Rücksicht des ihr eigentümlichen Erwerbsstrebens geübte Kritik hat zu der Erkenntnis einer ernst zu nehmenden Gefahr geführt, der es in die Augen zu sehen und die es zu meistern gilt; weiter führt diese Kritik nicht. Daß die Wirtschaft ein *Sozial*prozeß ist, wurde stillschweigend vorausgesetzt, trat aber nicht eigentlich ins Blickfeld. Darauf ist nunmehr einzugehen, indem wir die Gesellschaft, näherhin die Wirtschaftsgesellschaft, in Augenschein nehmen, die diesem eigenartigen Erwerbsstreben Raum zur Entfaltung bietet und die wir die „kapitalistische" nennen; wir fragen, wie sie aussieht, insbesondere *wer* den Sozialprozeß dieser Wirtschaft *organisiert,* in *welcher Weise* dies geschieht und welche *Gestalt* dieser Sozialprozeß und die Wirtschaftsgesellschaft selbst dabei annimmt.

Jede denkbare Wirtschaftsweise erfordert den Einsatz der beiden elementaren Produktionsfaktoren Arbeit und Kapital und damit das Zusammenwirken derer, die diesen Einsatz leisten, der „Arbeitseinsetzer" und der „Kapitaleinsetzer"; dabei können es sehr wohl die gleichen Personen sein, die sowohl Arbeit als auch Kapital einsetzen; dieser an sich natürlichste und erfreulichste Zustand würde allerdings eine weitgehend gleichmäßige Vermögensverteilung voraussetzen. Tatsächlich sind die Vermögen aber sehr ungleich verteilt und verfügt eine gesellschaftliche Minderheit über den weitaus größeren Teil des insgesamt vorhandenen und insbesondere des erwerbswirtschaftlich nutzbaren Vermögens. Dieser aus der *vor*kapitalistischen Gesellschaft und Wirtschaft überkommene Sachverhalt hat zur Folge, daß im großen und ganzen nur eine gesellschaftliche Minderheit in der Lage ist, den Einsatz von Kapital zu leisten, wogegen die große Mehrheit in der Hauptsache nur ihre Arbeitskraft einzusetzen hat. An und für sich wäre es durchaus vorstellbar, daß entweder die Gruppe der Kapitaleinsetzer oder die Gruppe der Arbeitseinsetzer oder auch beide Gruppen gemeinsam den Sozialprozeß der Wirtschaft organisieren; für die kapitalbesitzende Minderheit ist das aber offenbar unvergleichlich leichter zu verwirklichen als für diejenigen, die über nichts anderes verfügen als ihre Arbeitskraft.

Sprechen wir von Kapitalismus oder kapitalistischer Wirtschaftsweise, so geben wir damit zu verstehen, daß von den angedeuteten drei Varianten diese *eine* verwirklicht ist: „das Kapital", d.i. die über Erwerbsvermögen – gleichviel, worin es bestehen möge – verfügende gesellschaftliche Minderheitsgruppe, hat den ihr durch den Kapitalbesitz gegebenen Vorsprung genutzt, hat die Initiative ergriffen, sich sozusagen als Subjekt des Wirtschaftsprozesses etabliert und diesen organisiert, indem sie Angehörige der anderen, d.i. der gesellschaftlichen Mehrheitsgruppe, als Arbeitskräfte in ihren Dienst gestellt hat, womit diese sich auf die Objektrolle in der Wirtschaft beschränkt und in die „Lebenslage der abhängigen Arbeit" verwiesen sehen. – Daß diese Indienstnahme heute in der Rechtsform des *Lohnarbeitsverhältnisses* erfolgt, bedeutet gewiß einen ungeheueren Fortschritt gegenüber der Sklaverei oder der Hörigkeit, aber ebenso gewiß nicht die höchste, nicht mehr übersteigbare Stufe. Für heute kann aber davon ausgegangen werden, daß das Lohnarbeitsverhältnis, obwohl nicht die einzig mögliche, dennoch aus einer Vielzahl von Gründen die nahezu ausschließlich angewandte Rechtsgestalt ist, an der auch die Gewerkschaften mit größter Entschiedenheit festhalten.

Unter den geschilderten, an sich keineswegs notwendigen, heute jedoch in allen fortgeschrittenen Ländern der sogenannten freien Welt tatsächlich gegebenen Umständen muß damit gerechnet werden und steht zu erwarten, daß die über Kapital = Erwerbsvermögen verfügenden Kreise es darauf ablegen werden, den von ihnen organisierten Wirtschaftsprozeß auch in *ihrem* Sinne ablaufen zu lassen, womit unvermeidlich die *Gefahr* gegeben ist, daß sie ihre Vorzugsstellung und das ihnen diese Vorzugsstellung verleihende Kapital dazu mißbrauchen, um die abhängig Arbeitenden irgendwie „auszubeuten". Daher der von K. Marx geprägte „funktionale Kapitalbegriff" (s. S. 22), wonach unter „Kapital" nicht das Erwerbsvermögen als solches, sondern das durch Ausbeutung der daran beschäftigten Arbeitskräfte seinem Inhaber Profit abwerfende Erwerbsvermögen verstanden werden soll: *Kapital = „Mehrwert heckender Wert"*. Für Marx und für jeden geschulten Marxisten ist damit in der Beschäftigung entlohnter Arbeitskräfte und im Kapital*begriff* die Ausbeutung bereits *definitorisch* eingeschlossen; diesbezüglich ist hier nur daran zu erinnern, daß aus Definitionen allein sich nichts beweisen läßt.

Kapitalistische Wirtschaftsweise und kapitalistische Klassengesellschaft

So wie wir die kapitalistische Wirtschaftsweise kennen und erleben, hat sie zur *Grundlage*, daß die Gesellschaft in die beiden durch Besitz und Nichtbesitz von Erwerbsvermögen unterschiedenen gesellschaftlichen Gruppen „Kapital" und „Arbeit" auseinandergeschichtet ist, wobei erstere eine Minderheit, letztere die große Mehrheit bildet. Dieser Sachverhalt gestattet der ersteren Gruppe, die Initiative zu ergreifen und den Sozialprozeß der Wirtschaft zu organisieren, indem sie Angehörige der letzteren im Lohnarbeitsverhältnis in ihren Dienst nimmt. Bezeichnen wir die durch das Merkmal von Besitz oder Nichtbesitz von Kapital gekennzeichneten gesellschaftlichen Gruppen als „Klassen", so haben wir hier die „kapitalistische" Klassengesellschaft vor uns; sie liegt unserer „kapitalistischen" Wirtschaftsweise zugrunde, die ihrerseits wieder sehr dazu angetan ist, die *un*gleiche Verteilung von Vermögen („Kapital") und damit den Charakter dieser Gesellschaft als Klassengesellschaft noch zu verschärfen. Das besagt jedoch nicht, daß kapitalistische Wirtschaftsweise und kapitalistische Klassengesellschaft *notwendig* zueinander gehören. Ob eine kapitalistische Wirtschaftsweise sich auch vorstellen und verwirklichen ließe in den Extremfällen einer Gesellschaft, in der alles Erwerbsvermögen in einer einzigen Hand vereinigt oder umgekehrt das Erwerbsvermögen vollkommen gleichmäßig auf alle verteilt wäre, so daß jeder außer dem Einsatz seiner Arbeitskraft auch seinen Einsatz an Kapital leisten könnte, diese Frage ist vorerst mindestens noch offen.

Staats-Kapitalismus?

Ersteres wäre der Fall eines *Staats*-Kapitalismus. Der Einsatz des Kapitals und die Organisierung der Wirtschaft ginge nicht von einer gesellschaftlichen Gruppe, sondern von einer einzigen zentralen Stelle, beispielsweise vom Staat, aus. In der UdSSR und anderen kommunistischen Ländern finden wir das verwirklicht; zu fragen ist nur, ob man das sinnvollerweise als eine Spielart des „Kapitalismus", im Gegensatz zu dem bei uns bestehenden Privatkapitalismus also als *Staats*kapitalismus bezeichnen kann.

Wollen wir dem Wort „Kapital" bzw. „Kapitalismus" seinen Sinn belassen, dann müssen wir den Entscheid abhängig machen von der Rolle, die das Kapital in einer solchen zentralverwalteten Wirtschaft spielt – „Kapital" hier nicht verstanden als die nach ihm benannte gesellschaftliche Gruppe, die es in diesem Fall ja nicht gibt, sondern als die Geldeswert darstellenden Produktionsmittel im weitesten Sinn des Wortes. Wir hätten zu fragen, ob die Leitung einer solchen Zentralverwaltungswirtschaft in *Sachwerten* rechnet, gleichviel ob diese in Geld oder in anderen Rechnungseinheiten ausgedrückt werden, und an Hand oder auf Grund der Ergebnisse dieser Rechnung und der daraus abzuleitenden Projektionen ihre Entscheidungen trifft. Oder nimmt in ihren Überlegungen die menschliche *Arbeit* und deren sinnvoller Einsatz die erste Stelle ein, *rechnet* sie in ‚manpower'?

Daß kommunistische Zentralverwaltungswirtschaften den Einsatz der im Verhältnis zu ihren riesenhaften Vorhaben immer knappen Arbeitskräften sehr genau kalkulieren, ist bekannt von dem berühmt gewordenen Beispiel einer sowjetischen Einkaufskommission, die zu einer führenden deutschen Maschinenfabrik kam, um Vollautomaten zu kaufen. Die Verkäufer wollten ihr das ausreden; bei den niedrigen Arbeitslöhnen in der Sowjet-Union lohnten Vollautomaten sich nicht. Die sowjetischen Einkäufer ließen sich jedoch nicht umstimmen; sie erstanden Vollautomaten. Zwar ist Arbeitskraft trotz ihrer Knappheit bei ihnen billig; für die zu treffenden Entscheidungen kommt es aber nicht auf ihren behördlich manipulierten *Preis* an, sondern auf ihre objektive Knappheit im Verhältnis zu all dem, was in kurzer Zeit bewältigt werden soll (in privatkapitalistisch-marktwirtschaftlicher Terminologie würde man das als „Denken in Opportunitätskosten bezeichnen). Auf der anderen Seite steht außer Frage, daß die kommunistischen Länder mit den arbeitenden Menschen sehr rücksichtslos umgehen, so daß diese gewiß nicht Subjekte, sondern Objekte des Wirtschaftsprozesses sind; insofern sind diese Länder bestimmt eher kapitalistisch als laboristisch. Tatsächlich benützt der Staat oder die den Staatsapparat beherrschende Oligarchie die Verfügung über den Sachmittelapparat der Wirtschaft, um den Arbeitseinsatz zu lenken und ihn notfalls zu erzwingen. – Mag die Kommunistische Zentralverwaltungswirtschaft in ihren primitiven Anfängen von den verfügbaren Arbeitskräften ausgehend geplant haben, in dem Maße, wie ihr Aufbau fortschritt, kam sie damit nicht mehr aus und übernahm mit der anfänglich von ihr verabscheuten und streng abgelehnten *mathematischen* Methode der „westlichen" Wirtschaftswissenschaft auch die von dieser für die privatkapitalistische Wirtschaft geschaffene *Planungstechnik*, die alles in Geldgrößen veranschlagt und verrechnet. Das geht so weit, daß *um der Rechenbarkeit willen* den Unternehmen in ihrer Erfolgsrechnung der in Geld veranschlagte Wert ihrer sachlichen Produktionsmittel (wir würden sagen, ihr „Anlagekapital") mit einer Art Steuer belastet wird, die der Sache nach dem gleichkommt, was unsere Betriebswirtschaftslehre unter „kalkulatorischem Zins" versteht. Während aber ein privatkapitalistischer Unternehmer den kalkulatorischen Zins in der Regel „im Unternehmen stehen läßt" und diesem nur so viel „entnimmt", wie er persönlich verbraucht, haben die Unternehmen in der ZVW der Sowjetunion oder der DDR diese Beträge grundsätzlich an die Staatskasse abzuführen. – Von unserer Planung unterscheidet diejenige einer entwickelten kommunistischen ZVW sich im wesentlichen nur darin, daß nicht viele, sondern nur *einer*, der mit Planungshoheit ausgestattete Staat, plant und daher dessen eigene Ansprüche an die Wirtschaft, darunter der sehr erhebliche Aufwand für Rüstung, *vorweg* eingeplant werden und unter allen Umständen den Vorrang haben. Da alles, was man verrechnen will, auf einunddieselbe abstrakte Maßeinheit gebracht werden muß, können die Ziffern, mit denen die Computer in der Sowjet-Union gefüttert werden, selbst wenn das Geld dort völlig abgeschafft wäre, nichts anderes sein als das, was sie im Privatkapitalismus sind, nämlich *Geld*größen; tatsächlich werden aber die Arbeitslöhne in wirklichem Geld ausbezahlt. Der geschulte Marxist wird allerdings einwenden, dieses Lohnarbeitsverhältnis habe mit dem „kapitalistischen" nur den Namen gemeinsam; der Sache nach sei es etwas völlig anderes, denn in ihm werde der Arbeiter nicht zugunsten einer anderen gesellschaftlichen Klasse ausgebeutet; demzufolge sei auch der in der Hand des Staates oder der Allgemeinheit befindliche Sachmittelapparat der Wirtschaft „ex definitione" kein Kapital = „Mehrwert heckender Wert".

Über Worte oder Wörter läßt sich natürlich nach Belieben streiten; sachlich scheint auch in einer vollkommunistischen Wirtschaft Ausbeutung arbeitender Menschen nicht nur durchaus möglich, sondern die Gefahr solcher Ausbeutung erscheint in einer

Wirtschaft, in der eine einzige Stelle als die Inhaberin allen Realkapitals die Arbeitsplätze vergibt und die Arbeitnehmer einem einzigen Arbeitgeber ausgeliefert sind, sehr viel größer als in einer privatkapitalistischen Wirtschaft, wo der Arbeitnehmer wenigstens grundsätzlich den Arbeitsplatz frei wählen und ebenso frei wechseln kann, und wo – namentlich in Zeiten der Vollbeschäftigung – eine Vielzahl von Arbeitgebern einander gegenseitig die Arbeitskräfte abwerben.

Ihrem ursprünglichen *Sinn* nach verstehen sich sowohl der Kommunismus als auch die System- oder Total-Sozialisierung ganz bestimmt *anti*kapitalistisch; von *daher* gesehen sind sie gewiß alles andere als Staatskapitalismus. *Begrifflich* sind auch ZVW und Staatskapitalismus ebenso klar zu unterscheidende und auseinander zuhaltende Dinge wie Markt- oder Verkehrswirtschaft und Privatkapitalismus. Aber wenn schon aller Erfahrung nach Markt- oder Verkehrswirtschaft und Privatkapitalismus nur in engem Verbund mit einander anzutreffen sind, so scheint ZVW in noch höherem Grade wohl oder übel zum Staatskapitalismus zu drängen und im Staatskapitalismus zu enden. Hat die Wirtschaft der UdSSR und der Comecon-Länder schon in ihren frühen Anfängen dem Typus des Staatskapitalmus mehr oder weniger nahegestanden, so unterliegt sie seither ganz offenbar unausweichlichen Sachzwängen, die ihr gegen den harten Widerstand der Vertreter der „reinen Lehre" diesen Typus immer deutlicher aufprägen. (Für oder gegen eine Annäherung [„Konvergenz"] zum *Privat*kapitalismus besagt diese Entwicklung nichts.)

In dem geschilderten Extremfall *un*gleichmäßiger

Vermögensverteilung (Konzentration allen Kapitals in einer einzigen Hand) gibt es keine Kapitalistenklasse und daher auch keine kapitalistische Klassengesellschaft; nichtsdestoweniger ist, wie sich herausgestellt hat, auch unter dieser Voraussetzung Kapitalismus im Sinne von kapitalistischer Wirtschaftsweise möglich. Damit ist erwiesen, daß mindestens in diesem Fall kapitalistische Wirtschaftsweise und kapitalistische Klassengesellschaft voneinander trennbar sind und erstere für sich allein ohne die letztere bestehen kann. Anders ausgedrückt: kapitalistische Klassengesellschaft, d.h. das Vorhandensein einer Kapitalisten-Klasse, mag zur kapitalistischen Wirtschaftsweise führen, vielleicht sogar sie zur unvermeidlichen *Folge* haben; notwendige *Bedingung* dafür ist sie *nicht.*

„Volks"-Kapitalismus ...

Was aber gilt im entgegengesetzten Extremfall, nämlich bei völlig oder doch weitgehend *gleich*mäßiger Vermögensverteilung? Auch in diesem Fall gibt es keine gesellschaftliche Minderheit, die in nennenswert höherem Maß über Vermögen verfügt als die Mehrheit und dadurch in der Lage ist, sich die Subjektstellung in der Wirtschaft und die Organisierung des Sozialprozesses der Wirtschaft vorzubehalten und die anderen als entlohnte Arbeitskräfte in ihren Dienst zu nehmen. Wenn Kapitalismus *darin* bestünde, dann allerdings wäre hinreichend *un*gleiche Vermögensverteilung *notwendige* Bedingung des Kapitalismus, oder anders ausgedrückt, würde gleichmäßige Vermögensverteilung ihm die Daseinsmöglichkeit entziehen. Selbstverständlich *kann* man

Kapitalismus so definieren, daß die Zwei-Klassen-Gesellschaft darin eingeschlossen ist, und die meisten, die über Kapitalismus reden, scheinen sich ihn so vorzustellen; ja, wer von vornherein entschlossen ist, ihn zu verfluchen, *muß* sich ihn wohl so vorstellen. Trotzdem kann man mit gutem Grund fragen, ob es denn unbedingt *andere* Leute sein müssen, die als Kapitalisten den Wirtschaftsprozeß organisieren, und *andere,* die in abhängiger Lohnarbeit ihren Lebensunterhalt verdienen? Können nicht *alle* über hinreichendes Erwerbsvermögen verfügen, um sowohl eigenes Kapital als auch die eigene Arbeitskraft zum gemeinsamen Vollzug der Wirtschaft einzusetzen? Manche propagieren das als *„Volkskapitalismus".* Daß so etwas möglich ist, läßt sich wohl kaum bezweifeln; fraglich kann nur sein, ob man das – namentlich, wenn es zum Regelfall wird – noch „Kapitalismus" nennen soll. Ähnlich wie bei der Analyse der kommunistischen Zentralverwaltungswirtschaft wäre der Entscheid davon abhängig zu machen, welche Rolle die *Kapitalrechnung* bei den wirtschaftlichen Entscheidungen spielt.

... in drei Varianten

Bei gleichmäßiger Vermögensverteilung stehen alle drei bereits früher genannten Wege offen: *entweder* geht die organisatorische Initiative (beispielsweise zur Gründung eines Unternehmens) nach wie vor vom Kapitaleinsatz aus und der Arbeitseinsatz nimmt die ihm auf diese Weise angebotenen Arbeitsgelegenheiten wahr, *oder* der Arbeitseinsatz ergreift die Initiative und „engagiert" das zur Ausführung seiner Vorhaben nötige Kapital, *oder* jedermann tritt mit dem Angebot von beidem, was er einzusetzen hat, seines Kapitals *und* seiner Arbeitskraft, auf den Plan, und man verständigt sich, wo ein jeder sein Kapital und wo er seine Arbeit einsetzt.

Zunächst sei der erstere Weg weiterverfolgt; er kommt dem, was wir heute praktizieren, am nächsten und unterscheidet sich davon nur insofern, als nicht mehr eine Minderheit, sondern mehr oder weniger *alle* an dieser „kapitalistischen" Initiative beteiligt sind oder doch sich an ihr beteiligen können; wer im Lohnarbeitsverhältnis in einem dieser Unternehmen tätig wird, ist zugleich an demselben oder an anderen Unternehmen durch Kapitaleinsatz beteiligt. Die unternehmerischen Entscheidungen können (*nicht:* müssen!) ganz ebenso wie heute auf Grund der Kapitalrechnung im Kapitalinteresse getroffen werden, wobei das Kapitalinteresse jetzt nicht mehr das Interesse einer gesellschaftlichen Minderheit bedeutet. Soweit Ausbeutung überhaupt noch vorkäme, könnte jedenfalls nicht mehr eine Mehrheit zugunsten einer Minderheit ausgebeutet werden; diese Minderheit gäbe es nicht mehr.

Für eine solche, aus unserer heutigen kapitalistischen Wirtschaftsweise heraus entwickelte Wirtschaft würde man zweifellos und mit vollem Recht die Bezeichnung „kapitalistisch" beibehalten. Das an der Kapitalrechnung sich orientierende Kapitalinteresse hätte aufgehört, Sonderinteresse einer Minderheit zu sein, das als solches mit den Interessen der Mehrheit in Konflikt geraten kann, behielte aber – nunmehr völlig unangefochten – nach wie vor die *Führung.*

Diese zweifellos ansprechende Vorstellung schwebt denn wohl auch den Bestrebungen vor, die auf breitere Vermögensstreuung, d.i. Beteiligung breitester Volkskreise am Vermögensbesitz, insbesondere auch an Erwerbsvermögen, abzielen. Gegen diese Bestrebungen wird eingewendet, sie seien aussichtslos; die kapitalistische Wirtschaft, wie wir sie heute haben, führe zwar zu allgemeiner Hebung des Wohlstands, aber nicht zu gleichmäßigerer Vermögensverteilung, sondern verschärfe im Gegenteil die Ungleichmäßigkeit. Ja man glaubt zwingend dartun zu können, auf Grund der Bewegungsgesetze der kapitalistischen Wirtschaft könne der *funktionale* Anteil des Kapitals und damit der *personale* Anteil der Besitzenden am Gesamtertrag der Wirtschaft nicht unter eine bestimmte Mindestgrenze sinken, ohne die unternehmerische Initiative zu lähmen und damit die Wirtschaft zum Stillstand zu bringen; eben damit sei eine Obergrenze gesetzt, die der funktionale Anteil der Arbeit und damit der personale Anteil der Besitzlosen am Wirtschaftsertrag oder genauer an dem, was davon nach Deckung des laufenden Verbrauchs zur Vermögensbildung noch übrigbleibt, nicht übersteigen könne. Diese Frage zu vertiefen ist hier nicht der Ort. Tatsache aber ist, daß trotz einer Vielfalt von Maßnahmen, mittels deren man eine gleichmäßigere Vermögensverteilung herbeizuführen hoffte, die Verteilung ausgesprochenermaßen *un*gleich geblieben ist; die Ungleichheit hat sich nur insofern gemildert, als sie bei allgemein gestiegenem Wohlstand, wo auch die Minderbemittelten über das Nötige verfügen, weniger aufreizend wirkt und leichter ertragen wird, als wenn grimmiger Not und fühlbarer Entbehrung auf der einen Seite Überfluß und Verschwendung der anderen gegenübersteht. Immerhin ist es den bisherigen Anstrengungen gelungen, der Arbeitnehmerschaft zu einem sehr beachtlichen

Anteil am Geld-(Finanz-)Vermögen zu verhelfen, aber nur zu einem verschwindend geringen Anteil an dem, worauf es entscheidend ankommt, *Beteiligung* am Produktivkapital. Dafür müßte bei den Arbeitnehmern selbst und namentlich bei ihren Gewerkschaften das Verständnis erst erschlossen werden. So ist in einem fortgeschrittenen Land wie dem unseren der in der „Dritten Welt" noch kraß fortbestehende Klassencharakter der Gesellschaft zwar beträchtlich gemildert, so daß manche die häßlich klingende Bezeichnung darauf schon nicht mehr angewandt wissen wollen. Realistisch sollten wir uns aber eingestehen, daß die Chance, zu einer klassen*freien* kapitalistischen Wirtschaft zu gelangen, nur gering ist, ein Wunschziel, bestenfalls ein noch sehr weites Fernziel. – Soviel zu diesem *ersten* Weg.

Als *zweiter Weg* bot sich die Initiative der *Arbeit* an; die arbeitsfähigen und arbeitswilligen Menschen würden, anstatt als kleine „Kapitalisten" ihr Vermögen in ein Unternehmen einzubringen und sich dann von diesem oder einem anderen Unternehmen als Arbeitskräfte einstellen zu lassen, unmittelbar ihre Zusammenarbeit in dem Unternehmen organisieren, und *diese* würden sich alsdann das als Substrat für ihre Tätigkeit benötige Kapital beschaffen, es entweder als Beteiligungskapital in irgendeiner Rechtsform oder als Fremd- oder Leihkapital heranziehen. Von der Initiative her gesehen, wäre dieser, von unserer Erfahrungswelt her nur schwer vorstellbare, aber immerhin denkmögliche Weg eher „laboristisch" als kapitalistisch zu nennen. Nichtsdestoweniger könnte es sich auch in diesem Fall empfehlen, für die von den Unternehmensleitungen zu treffenden Entscheidungen die Orientierung an der Kapitalrechnung beizubehalten; insoweit wäre auch diese Wirtschaft immer noch *kapitalistisch.*

Dasselbe würde auch von dem *dritten* Weg gelten. Zur Zeit sind aber sowohl der zweite als auch der dritte Weg, von interessanten Einzelfällen abgesehen, in keiner Weise aktuell.

Vermögen ungleich, Macht gleichgewichtig verteilt?

Aktuell dagegen ist die Frage, ob in der heutigen, auf *un*gleichmäßiger Vermögensverteilung beruhenden kapitalistischen Wirtschaftsweise die Vor- oder Alleinherrschaft des Kapitals (der Inhaber oder Anteilseigner des in den Unternehmen investierten Kapitals) unabdingbar gegeben ist oder ob sich *trotz* ungleicher *Vermögens*verteilung eine gleichmäßige(re) *Macht*verteilung herstellen ließe. Damit ist die Frage der sogenannten *wirtschaftlichen Mitbestimmung* berührt. Zu dieser Frage selbst ist hier nicht Stellung zu nehmen, und noch weniger sind hier Vorschläge zu ihrer Lösung anzubieten; hier ist nur zu fragen, ob man bei vollem Machtgleichgewicht von Kapital und Arbeit, d.h. der Kapitaleinsetzer und der Arbeitseinsetzer, noch von Kapitalismus und kapitalistischer Wirtschaftsweise sprechen kann. Das ist weit mehr als Sorge um terminologische Korrektheit. Es handelt sich auch um weit mehr als um den vielfach erhobenen Einwand, derart „mitbestimmte" Unternehmen würden sich nicht „marktgerecht" verhalten und dadurch den Zusammenbruch des „marktwirtschaftlichen Systems" herbeiführen. Es mag zutreffen, daß (Privat-)Kapitalismus und marktwirtschaftliches Prinzip zusammengehören; diese Frage, die ebenso vertieft werden könnte, wie an früherer Stelle die Frage nach Zusammengehörigkeit oder Trennbarkeit von kapitalistischer Wirtschaftsweise und kapitalistischer Klassengesellschaft, kann hier auf sich beruhen; auch wenn es zutrifft, daß die privatkapitalistische Wirtschaft zu ihrer Lebensfähigkeit darauf angewiesen ist, daß wirksame Maßnahmen des Staates den Markt funktionsfähig und den Wettbewerb aufrecht erhalten, so sind doch (privat-)kapitalistische Wirtschaftsweise und Marktwirtschaft unbedingt sauber zu unterscheiden und klar auseinanderzuhalten.

Kann man bei *Machtgleichgewicht* von Kapital und Arbeit noch sinnvoll von Kapitalismus und kapitalistischer Wirtschaftsweise sprechen? – Auch in diesem Fall *kann* man offenbar und *wird* man zweifellos an der Kapitalrechnung festhalten; man bleibt auf den Markt angewiesen und wird daher, wenn man nicht von allen guten Geistern verlassen ist, auf dessen „Signale" achten und sich danach richten, d. h. marktwirtschaftlich verfahren. Waren aber die Unternehmen bis dahin interessen*monistisch* strukturiert und konnte daher das Kapital einseitig, d. h. auch unter Verletzung der Interessen der Arbeit, sich durchsetzen, so sind die Unternehmen nunmehr interessen*dualistisch* strukturiert; das Kapitalinteresse ist gezwungen, dem Arbeitsinteresse Rechnung zu tragen, wie umgekehrt das Arbeitsinteresse dem Kapitalinteresse Rechnung tragen muß, wobei wegen der übergeordneten Interessenverbundenheit beide Teile dann am besten fahren, wenn jeder Teil die gebührende Rücksicht auf den anderen nimmt. – Bezeichnen wir die sowjetische Wirtschaft, weil sie, soweit wir zu erkennen vermögen, bei ihrer Planung vom Sachmitteleinsatz und Sachmittelbedarf ausgeht und die Entscheidungen an Hand der auch als Mittel der Kontrolle dienenden Vermögensrechnung getroffen werden, als *Staats*kapitalismus, dann ist eine „mitbestimmte" Wirtschaft der vorbeschriebenen Art mit mindestens dem gleichen Recht als (privat-)kapitalistische Wirtschaft zu bezeichnen. Insoweit enthält der Einwand der extremen „Linken", die wirtschaftliche Mitbestimmung überwinde den Kapitalismus nicht, sondern sei gerade der raffinierte Trick, um ihn zu erhalten, ein Körnchen Wahrheit.

Kapitalismus = das Kapital herrscht, die Arbeit dient

Fragen wir aber nicht als im Elfenbeinturm sitzende Theoretiker, sondern als im Leben stehende, sozial und politisch interessierte Menschen, dann müssen wir wohl sagen: für die in der Lebenslage der abhängigen Arbeit stehende große Mehrheit der Bevölkerung bedeutet „Kapitalismus", daß in unserer Wirtschaft das Kapital die herrschende und die Arbeit die dienende Rolle spielt, daß trotz grundsätzlich freier Berufswahl und freier Wahl des Arbeitsplatzes die Arbeit eben doch in einem Grade „abhängig" ist, der nicht zu sein brauchte: abhängig von Vorgesetzten im Betrieb und von Entscheidungen einer Unternehmensleitung, an deren Bestellung man nicht mitgewirkt hat und die darum ihre Entscheidungen einseitig als Sachwalterin des Kapitalinteresses und damit eines für den Arbeitnehmer *fremden* Interesses treffen, vielleicht sogar sich in der Zwangslage befinden, sie so treffen zu müssen.

Wenn „Kapitalismus" diese einseitige Vormacht des Kapitals und seines Interesses besagt – und für breiteste Volkskreise besagt „Kapitalismus" das und nichts anderes –, dann haben wir bei Machtgleichgewicht von Arbeit und Kapital, auch wenn die Vermögensverteilung nach wie vor sehr ungleichmäßig ist und der Ablauf der Wirtschaft den gleichen „Bewegungsgesetzen" folgt wie bisher, *keinen* „Kapitalismus" mehr vor uns. – Ebenso wie nicht die Bewegungsgesetze der Lokomotive Weg und Ziel der Fahrt bestimmen, sondern die Weichenstellung, so sind es auch nicht irgendwelche ökonomische oder sonstige Bewegungsgesetze, die der Wirtschaft den Weg vorschreiben und darüber entscheiden, zu welchem Ziel sie führt, sondern es sind die von Menschen getroffenen und kraft der *Macht*, über die sie verfügen, durchgesetzten *Entscheidungen*.

II
Kapitalismuskritik

„Kapitalismus" – so versteht es der Mann auf der Straße, und diesen Wortsinn hat die Umgangssprache von ihm übernommen – ist die Wirtschaft (und Wirtschaftsgesellschaft), in der *er* nichts zu sagen hat und bestimmt. Nur dieser „Kapitalismus" und kein anderer ist Gegenstand der volkstümlichen und landläufigen Kapitalismuskritik.

Was ist Gegenstand der Kritik?

Eine *wissenschaftlich* ernst zu nehmende Kapitalismuskritik kann sich selbstverständlich nicht auf diesen primitiven oder primitiv vorgestellten Kapitalismus beschränkten. Strenggenommen müßte sie alle möglichen oder doch wenigstens alle aktuell gewordenen Erscheinungsformen von Kapitalismus einbeziehen. Da jedoch ganz allgemein – auch im wissenschaftlichen Sprachgebrauch – unter Kapitalismus sans phrase nur der *private* Kapitalismus verstanden zu werden pflegt, beschränkt sich auch die Kapitalismuskritik üblicherweise auf ihn und erscheint der Staatskapitalismus bei so gut wie allen kritischen Auseinandersetzungen nicht als eine der verschiedenen möglichen Erscheinungsformen des Kapitalismus, sondern als *Alternative* zu ihm. Ja noch mehr: Kritik am (Privat-)Kapitalismus ist zum guten Teil schlechthin Kritik an der Markt- oder Verkehrswirtschaft als solcher; *deren* Funktionsfähigkeit wird angezweifelt. – Daß man, wie es die tschechischen Reformer taten, sich eine nichtkapitalistische Marktwirtschaft vorstellen und versuchen könnte, sie zu verwirklichen, kommt diesen Kritikern überhaupt nicht in den Blick. Andererseits wird von dieser Kritik vielfach die Böhm-Bawerksche Frage *„Macht oder ökonomisches Gesetz?“* nicht ernst genug genommen. Während die liberale Ökonomie die Macht aus der Wirtschaft verbannen und alles der Marktgesetzlichkeit zuschreiben möchte, setzen die Kapitalismuskritiker sich allzuleicht achtlos hinweg über die mit der Markt- oder Verkehrswirtschaft gegebenen Kreislaufzusammenhänge. Im Gegensatz zur liberalen Ideologie nehmen sie die in der Wirtschaft bestehenden wie auch die vielfach hinter ihnen stehenden politischen und anderen Machtpositionen durchaus ernst, versäumen es aber vielfach, sich bewußt zu machen und sich ausreichend Rechenschaft davon zu geben, daß sowohl diese Machtpositionen als auch die gegebenenfalls ihnen gegenüber aufzubauenden Gegenpositionen *niemals gegen* die sogenannten Marktgesetze, richtiger gegen die kreislaufmäßigen Zusammenhänge agieren können, sondern genau wie der Techniker und Ingenieur niemals gegen die physikalischen Gesetze etwas ausrichtet, sondern alle seine Erfolge nur auf deren immer gründlichere Erforschung und immer geschicktere Nutzbarmachung aufbaut, so auch die Macht im Raume der Wirtschaft *niemals gegen* die ökonomischen Gesetze etwas vermag, dagegen sowohl im Guten als auch im Bösen, wenn auch nicht alles, so doch außerordentliich viel dank deren immer vollkommeneren Kenntnis und mittels deren immer besser durchdachten Anwendung.

In der anschließenden Darstellung der Kapitalismuskritik wird sich immer wieder zeigen, wie Kritik einer freien privaten Markt- oder Verkehrswirtschaft und Kritik des privaten Kapitalismus weithin ineinander und durcheinander laufen. Das hat zur unvermeidlichen Folge, daß sie sich auch in der darauf folgenden „Kritik der Kritik" nicht scharf trennen lassen. Nichtsdestoweniger soll versucht werden, einigermaßen deutlich zu machen, was spezifisch der Marktwirtschaft gilt und was als spezifisch „kapitalistisch" dem Kapitalismus angelastet werden kann.

Woher die Kritik?

Die Kritik am Kapitalismus kommt aus den verschiedensten Lagern von der Kirche bis zum Kommunismus. Zum einen Teil ist sie immanent oder analytisch, d.h. sie überprüft die Funktionsweise einer privatkapitalistischen Wirtschaft und wirft ihr innere Widersprüche und andere ihre Funktionsfähigkeit beeinträchtigende Mängel vor; zum andern Teil ist sie transzendent und beansprucht normativen Charakter, d.h., sie mißt den Kapitalismus, seine Voraussetzungen, seine Verfahrensweise und seine Ergebnisse an *meta*ökonomischen, insbesondere ethischen und juridischen Maßstäben. Erstere Kritik zielt wesentlich auf die privatkapitalistische *Wirtschaftsweise* ab und bedient sich vor allem ökonomischer (wirtschaftswissenschaftlicher) Argumente; letztere dagegen hat es mehr mit der kapitalistischen *Klassengesellschaft* zu tun und argumentiert mehr anthropologisch und soziologisch sowie ethisch und juridisch, unter Umständen sogar theologisch. Scharf trennen lassen sich diese Argumentationsweisen jedoch nicht; auch die transzendente und normative Kritik muß ja, wenn sie keine Luftstreiche ausführen will, ständig auf das Tatsächliche und damit auf die Funktionsweise der privatkapitalistischen Wirtschaftsweise zurückgreifen. Nichtsdestoweniger soll hier versucht werden, die beiden Arten von Kapitalismuskritik einigermaßen auseinanderzuhalten und so deutlich wie möglich von einander zu unterscheiden; dazu gehört vor allem, die in die angeblich analytische Diskussion über die Kontroversfrage „freie (= private) Verkehrswirtschaft *oder* Zentralverwaltungswirtschaft" immer wieder einfließen erschlichenen und getarnten Werturteile zu entlarven.

„Widersprüche" des Kapitalismus

Namentlich von kommunistischer (marxistischer) Seite ist immer wieder die Rede von Widersprüchen des Kapitalismus. Daß und worin solche Widersprüche bestehen, wird als so selbstverständlich vorausgesetzt, daß näherer Aufschluß darüber und erst recht jeder Nachweis sich erübrige. Vielleicht ist es nützlich, in Erinnerung zu rufen, daß in marxistischer Diktion „Widerspruch" nicht oder jedenfalls nicht immer im strengen Sinn logischer Unvereinbarkeit verstanden wird, sondern etwa gleichbedeutend mit Gegensatz, Spannung oder dgl.; was – wirklich oder angeblich – nicht recht zueinander paßt oder sich nur schwer miteinander vereinbaren läßt, wird als im Widerspruch miteinander stehend bezeichnet. So soll beispielsweise die Formel „gesellschaftliche Produktion, private Aneignung" einen

Widerspruch, ja den grundlegenden Widerspruch des Kapitalismus zum Ausdruck bringen und ihn damit *tödlich* treffen.

Gesellschaftliche Produktion, private Aneignung

Unbestrittenermaßen ist nahezu alles, was in einer arbeitsteiligen Wirtschaft, gleichviel ob kapitalistisch oder nicht, produziert wird, „Sozialprodukt" auch in dem Sinne, daß es „sozial" (‚socialiter'), d.h. im Zusammenwirken nicht nur mehrerer Produktionsfaktoren (Kapital und Arbeit) produziert wird, sondern auch eine Mehrzahl oder Vielzahl von *Menschen* daran beteiligt ist oder dazu mitwirkt. Was folgt daraus für die Aneignung des Produkts oder der Produkte? Gerade diejenigen, die zwischen sozialer Produktion und privater Aneignung einen Widerspruch sehen und rügen, fordern mit vollem Recht, die Produktion habe der *Bedarfsdeckung* zu dienen. Der menschliche Bedarf – ganz ausgesprochenermaßen der Elementarbedarf – ist nun aber individuell: *mein* Hunger muß gestillt werden, *mein* Körper bedarf der Kleidung usw., usw.; auch da, wo es sich um sogenannte Kollektivbedürfnisse handelt, kommt die Befriedigung immer erst beim einzelnen Individuum zustande; Kollektivbedürfnisse sind die zusammengefaßten Bedürfnisse der das jeweilige Kollektiv bildenden einzelnen; nicht das Kollektiv hat und empfindet Bedürfnisse, sondern der *physische Mensch*, und dieser ist bei aller ihm wesenhaft eignenden Sozialität immer ein Individuum. Viele seiner Bedürfnisse werden wirksamer und besser, in manchen Fällen sogar überhaupt nur auf dem Wege über Kollektivgüter (das Verkehrsbedürfnis durch

Straßen, das Bildungsbedürfnis durch Schulen, das Sicherheitsbedürfnis durch eine Vielzahl öffentlicher Maßnahmen) befriedigt. Wenn nun aber die Produktion um der *Bedürfnisbefriedigung* willen erfolgt und diese gerade im Fall der Elementarbedürfnisse nicht anders als individuell erfolgen kann, dann erscheint es nicht widersprüchlich, sondern im Gegenteil vollkommen sinnentsprechend, daß die zur Bedürfnisbefriedigung benötigten, aus Gründen der Zweckmäßigkeit oder weil es überhaupt nicht anders geht, gesellschaftlich produzierten Güter *individuell* angeeignet werden; diese Güter machen aber selbst in einer Wirtschaft mit ausgesprochen hoher Investitionsquote den bei weitem *größten* Teil des Sozialprodukts, d.i. dessen aus, was überhaupt produziert wird; problematisch ist allenfalls die Aneignung des *kleineren*, die Investitionsquote ausmachenden Teiles des Sozialprodukts. – Nur als argumentum ad hominem sei angemerkt, daß die kommunistische Wirtschaft, was die Konsumgüterquote angeht, genauso verfährt wie die kapitalistische; auch sie führt die gesellschaftlich produzierten, der Bedürfnisbefriedigung dienenden Produkte den bedürfenden Individuen zu und bedient sich dazu sogar der gleichen Technik wie die privatkapitalistische Wirtschaft, nämlich des *Lohnarbeitsverhältnisses;* auch der sowjetische Arbeiter wird entlohnt und kauft von seinem Lohn, was er für sich und seine Familie braucht. Erst bei den Investitionsgütern kommt ein Unterschied zwischen der privatkapitalistischen und der kommunistischen oder staatskapitalistischen zum Tragen. Aber in beiden Wirtschaften verbleiben die Investitionsgüter dort, wo weiterhin socialiter mit ihnen produziert wird, d.i. in den Unternehmen; im Kapitalismus sind das in der großen Mehrheit private Unternehmen und fallen die Investitionsgüter mehrheitlich in das Eigentum von deren privaten Inhabern (private Aneignung); im Kommunismus oder Staatskapitalismus, wo alle Unternehmen staatlich sind, sind die Investitionsgüter von vornherein staatliches Eigentum und verbleiben im staatlichen Eigentum.

Für die den größeren Teil des Sozialprodukts bildenden Verbrauchs- und Gebrauchsgüter haben wir also im Kommunismus ganz den gleichen angeblichen „Widerspruch" wie im Kapitalismus. Dieser „Widerspruch" ist mit der arbeitsteiligen Wirtschaft gegeben, und darum läßt er sich nur aufheben, indem man die Arbeitsteilung abschafft; wer dazu nicht bereit ist, der muß sich, gleichviel ob Kapitalist oder Kommunist, mit diesem „Widerspruch" abfinden. Dabei bleibt es auch dann noch, wenn die kommunistische Wirtschaft den Schritt vom Sozialismus („jeder nach seinen Fähigkeiten, jedem nach seiner Leistung") zum vollen Kommunismus („jeder nach seinen Fähigkeiten, jedem nach seinen Bedürfnissen") getan haben wird; die Elementarbedürfnisse sind nun einmal „privat" oder individuell; darum müssen auch die Mittel zu ihrer Befriedigung „privat" oder individuell angeeignet oder zugeteilt werden.

Bereicherung der „Kapitalisten"

Damit ist der Vorwurf des Widerspruchs zwischen gesellschaftlicher Erzeugung und privater Aneignung jedoch nicht abgetan. Die ihn erheben, werden geltend machen, das, worauf sie abzielen, sei überhaupt noch nicht zur Sprache gekommen. Nicht die private

Aneignung gesellschaftlich erzeugter, aber individueller Bedarfsbefriedigung dienender Konsumgüter sei ihnen anstößig, sondern daß die Inhaber (Eigentümer oder Anteilseigner) der privaten Unternehmen, die „Kapitalisten" sich den ganzen Zuwachs an Investitions- oder Produktivgütern oder doch den weitaus größten Teil davon aneignen und sich daran bereichern; darum allein gehe es ihnen, nur gegen diese *ausbeuterische* Bereicherung lehnten sie sich auf. Zwar liegt auch darin kein „Widerspruch", aber man kann es mißbilligen, kann dagegen aufbegehren und kann das Mißbilligte und Abgelehnte, wenn man will, sprachlich ungenau als Widerspruch bezeichnen. Was da beanstandet wird, ist jedoch kein Verstoß gegen die Logik oder Mangel an innerer Konsistenz des „Systems", sondern die ungleiche *Verteilung* seiner Früchte. Als anstößig, als unbillig, als Verstoß gegen die Verteilungsgerechtigkeit wird empfunden, daß der in den privaten Unternehmen geschaffene, in der Hauptsache in Produktionsmitteln bestehende Zuwachs an Reichtum größtenteils den Inhabern dieser Unternehmen zuwächst. Da die Aussicht, diese einseitige Verteilung, die ihre Ursache in der derzeitigen Kapitalstruktur der Unternehmen hat (in der BRD im Durchschnitt *ein* Fünftel Eigenkapital, vier Fünftel Fremd-, d.h. Leih-Kapital), durch stärkere, allmählich die Mehrheit erreichende Beteiligung der Arbeitnehmer am Eigenkapital zu beheben, bestenfalls in ferner Zukunft liegt (vgl. oben S. 67), wollen manche, um das Ziel in absehbarer Zeit zu erreichen, die Unternehmen anstatt auf private Rechnung auf Rechnung der *Allgemeinheit* betreiben. Bedarf es, um der einseitigen Verteilung des in den Unternehmen ständig neu geschaffenen Reichtums abzuhelfen, wirklich der Überführung der Unternehmen in Gemeinbesitz oder andere Formen der Gemeinwirtschaft? Ließe sich der Mißstand nicht trotz der heutigen, aus vielen Gründen fehlerhaften Kapitalstruktur auch in auf private Rechnung betriebenen Unternehmen ausräumen?

Besser private oder öffentliche Unternehmen?

Dafür, ob Unternehmen besser im Eigentum privater physischer oder juristischer Personen oder besser in öffentlicher Hand liegen, ist der Umstand, daß ihre Erträge gesellschaftlich erwirtschaftet werden, nicht entscheidend. Diese Frage sollte vielmehr ausschließlich danach entschieden werden, in wessen Händen sie besser ihren Dienst leisten. Diesbezüglich liegen drei Meinungen miteinander im Streit. Nach der einen Meinung funktioniert die Wirtschaft am besten, wenn *alle* Produktionsmittel in privater Hand liegen (reine Privatwirtschaft); nach einer zweiten Meinung sollten gleichfalls *alle* Produktionsmittel – mindestens soweit sie nicht ausschließlich mit familieneigenen, sondern mit entlohnten fremden Arbeitskräften genutzt werden – in Gemeineigentum stehen (Total- oder Systemsozialisierung); nach der dritten Meinung muß unterschieden werden und sprechen gewichtige Gründe dafür, daß Infrastrukturinvestitionen und bestimmte Arten von Produktionsmitteln in Gemeineigentum oder im Eigentum freigemeinwirtschaftlicher Unternehmen stehen, im übrigen aber die private unternehmerische Wirtschaft freien Spielraum habe. Das ist in der Tat, wenn nicht der, so doch ein ganz wesentlicher Streitgegenstand der Kapitalismuskritik.

Marktwirtschaft oder ZVW?

Dieser Streit um die Frage, inwieweit freie private und inwieweit öffentliche Unternehmen, berührt sich nahe, ohne sich mit ihr zu decken, mit der anderen, ob (freie) Verkehrs- oder Marktwirtschaft oder Zentralverwaltungswirtschaft (ZVW) den Vorzug verdienen, wobei die erstere meist stillschweigend mit selbstnütziger Erwerbs-(Profit-)Wirtschaft, letztere mit gemeinnütziger oder allgemein fremdnütziger Wirtschaft gleichgesetzt wird, obwohl diese Gleichsetzung nicht allgemein, sondern nur mit Einschränkungen zutrifft. Diese fehlerhafte Gleich- oder Ineinssetzung von privater unternehmerischer Markt- oder Verkehrswirtschaft mit Erwerbs- oder Profitwirtschaft belastet und verwirrt die Diskussion um den zweiten angeblichen Widerspruch im Kapitalismus, auf den nunmehr einzugehen ist.

Profit statt Bedarfsdeckung

Im Kapitalismus – so hat Schumpeter es einmal zugespitzt formuliert – sei die Produktion nur „Nebenerscheinung des Erzielens von Profit"; demgemäß wird dem Kapitalismus der Widerspruch angelastet, er wirtschafte um den Profites willen, während es doch Sinn und Ziel der Wirtschaft sei, durch Erzeugung von Sachgütern und Erstellung von Dienstleistungen menschliche *Bedürfnisse zu befriedigen*; dieser Widerspruch verkehre sich in vollendeten Widersinn, wenn die zur Inganghaltung dieser Wirtschaft unentbehrlichen Profite sich nur dadurch sichern ließen, daß man, anstatt für den gegebenen Bedarf zu produzieren, künstlich (durch Werbung

u. a. m.) neue Bedürfnisse überhaupt erst wecke; das heiße doch, die Dinge auf den Kopf stellen; schlagwortartig: Der Kapitalismus sei keine Bedarfs*d*eckungs-, sondern eine Bedarfs*w*eckungswirtschaft und erweise sich damit als das genaue Gegenteil dessen, was alle vernünftigen Menschen unter Wirtschaft verstehen.

In der Tat versteht jedermann unter Wirtschaft dasjenige menschliche Geschehen, durch das wir uns mit all dem versorgen, dessen wir als Mittel zur Erhaltung, Bereicherung und Verschönerung des Daseins bedürfen oder das uns dazu dienen kann. Beschaffung und Bereitstellung dieser Mittel ist das Ziel, der Zweck oder die Aufgabe, die diesen Geschehensbereich von jedem anderen unterscheidet. Sich aktiv an der Wirtschaft beteiligen heißt, sich in den Dienst dieser Aufgabe stellen. Den kapitalistischen Unternehmer als den spezifischen Trägern dieser Wirtschaftsweise wird vorgeworfen, sie verfolgten ein *anderes* Ziel und verstießen damit gegen das wahre Ziel der Wirtschaft; ihnen gehe es nicht darum, die Bedürfnisse ihrer Mitmenschen zu befriedigen; sie seien vielmehr nur von ihrem Eigennutz getrieben und strebten nur ihren Profit an.

Grundlegende Verwechslung

Dieser Vorwurf verwechselt Gegenstand oder Ziel und *Beweggrund* des Handelns oder setzt sie fälschlich in eins. – Gegenstand, Ziel und erst recht *Ergebnis* des Handelns und sein Beweggrund sind jedoch zweierlei; es mag erfreulich, begrüßens- oder wünschenswert sein, daß sie übereinstimmen oder sich decken, aber das *braucht* nicht der Fall zu sein und *wird* sehr oft nicht zutreffen, *kann* in vielen Fällen gar nicht zutreffen. Zu den Fällen, in denen es nicht zutreffen kann, gehört unter anderem die arbeitsteilige Wirtschaft, und zwar nicht die kapitalistische allein, sondern jede denkbare Art arbeitsteiliger Wirtschaft. In der arbeitsteiligen Wirtschaft erzeugt jeder einzelne Sachgüter, die er *nicht* braucht, oder erstellt Dienstleistungen, die er *nicht* in Anspruch zu nehmen gedenkt, in beiden Fällen also nicht für sich, sondern *für andere.* Was kann ihn dazu bewegen? Die bloße Liebe zum Mitmenschen, der rein selbstlose, völlig uneigennützige Wille, anderen zu dienen, fremden Bedürfnissen abzuhelfen, wird, soweit wir die Menschen kennen, als Antriebskraft *nicht ausreichen.* Noch mehr: der Mensch kann gar nicht wollen oder anstreben, kann sich gar nicht für etwas entscheiden oder entschließen, das ihm nicht unter irgendeiner Rücksicht als *für ihn selbst erstrebenswert,* als *gut für ihn* erscheint. Das braucht nicht wie der Profit ein Nutzwert zu sein, muß aber irgendwie nicht nur abstracto, sondern in concreto für ihn ein „Wert" sein. Was *mir* nichts wert ist, was nach *meinen* Wertmaßstäben oder *meiner* Wertschätzung nicht erstrebenswert ist, das bewegt mich nicht, demgegenüber bleibe ich gleichgültig, das kann ich schlechterdings nicht anstreben.

Diese philosophische, näherhin metaphysische Begründung wird der marxistische Kritiker nicht gelten lassen. Halten wir uns deshalb lieber an die Tatsachen der Erfahrung. Der Mensch ist ein *bedürfendes* Wesen. Antriebskraft oder Beweggrund dafür, sich der Mühe, der Arbeitslast oder dem Arbeitsleid zu unterziehen, ist letzten Endes kein anderer als dieser: als bedürfendes Wesen *muß* er sich die Dinge beschaffen, deren er bedarf, und da er sie sich nicht alle durch seine Tätigkeit als einzelner beschaffen kann, tritt er in die arbeitsteilige Wirtschaft ein, beteiligt sich an der Beschaffung und Bereitstellung von Dingen, die er für sich weder braucht noch begehrt, und erwirbt dafür auf irgendeinem Weg des Austausches das, was er nötig hat oder nötig zu haben glaubt. Um die Sachgüter und Dienstleistungen zu erlangen, die er braucht oder begehrt, wirkt er mit zur Erzeugung von Sachgütern und zur Erstellung von Dienstleistungen, an denen ihm selbst gar nichts gelegen ist, die aber von anderen geschätzt, begehrt oder benötigt werden. Daß Antriebskraft (Beweggrund) und Gegenstand (Ergebnis oder Ziel) eines Tuns auseinanderfallen, ist demnach nichts Ungewöhnliches und noch weniger etwas Widersprüchliches; daß Beweggrund und Ziel wirtschaftlicher Betätigung auseinanderfallen, ist keine Eigentümlichkeit des Kapitalismus, erst recht besagt es nichts gegen den Kapitalismus.

Will die Kritik etwas ausrichten, dann muß sie sich also schon gegen das Erwerbsstreben als solches richten; sie kann versuchen darzutun, der Beweggrund „Profit" sei *entweder* schon an und für sich verwerflich *oder* er führe die Wirtschaft in die falsche Richtung und wirke dadurch verderblich; schließlich ließe sich denken, dieser Beweggrund sei als Antriebskraft zu schwach und daher zu wenig wirksam, doch davon kann keine Rede sein; dem Profit wird ja im Gegenteil vorgeworfen, er übe eine übermäßige Antriebskraft aus und wirke gerade darum so verheerend.

„Profit"-Streben treibende Kraft der kapitalistischen Wirtschaft?

Versuchen wir daher zunächst einmal, die Emotionen, die sich nicht beim US-amerikanischen, um so mehr aber beim deutschen und allgemein beim europäischen Arbeiter an das Wort „Profit" knüpfen, aus dem Spiel zu lassen; stellen wir auch die Frage nach seinem ethischen Wert oder Unwert vorerst noch zurück und bemühen uns um Klarheit darüber, wie es denn überhaupt um das Gewinn- oder Profitstreben steht. Daß es in der kapitalistischen Wirtschaft eine bedeutsame Rolle spielt, ist unbestritten. Die Frage ist

1. ob und in welchem Sinne es eine *Eigentümlichkeit* der kapitalistischen Wirtschaft ist,
2. in *welcher* Weise es sich als Triebkraft in dieser Wirtschaft auswirkt und wie es ihren Vollzug und ihr Ergebnis beeinflußt.

1. Merkmal der kapitalistischen Wirtschaft?

Reines Bereicherungsstreben in der vorkapitalistischen Wirtschaft
Es gibt sogenannte Subsistenzwirtschaften, in denen ein Gewinn- oder Profitstreben, wie wir es verstehen, noch keine Rolle spielt. Das sind Wirtschaftseinheiten, meist wohl Familien- oder Sippenwirtschaften, die sich notdürftig das beschaffen, was zum Überleben notwendig ist; sie leben am Rande des Existenzminimums und haben kaum eine Vorstellung, daß man auch besser leben könnte. Ist diese primitive Stufe aber einmal überschritten, dann meldet sich alsbald das Bereicherungs- oder Aufstiegsstreben:

man begehrt nach noch *mehr* und nach *besserem*. Wie kann man es sich beschaffen oder an sich bringen? Hat ein anderer das, was man begehrt, dann scheint der einfachste Weg, es an sich zu bringen, dieser zu sein, daß man es ihm abnimmt. Um reicher zu werden, verlegt man sich nicht darauf, mehr Werte zu schaffen, sondern nimmt dem anderen, was er hat und eignet es sich an. Das ist die *vor*kapitalistische Stufe, auf der die Wirtschaft vieler, um nicht zu sagen aller Entwicklungsländer steht. Diese Art des Profit- oder Bereicherungsstrebens, für die der *Wucherer* das Prototyp ist, hält sich im Rahmen dessen, was an Werten vorhanden ist oder in traditioneller Weise laufend für den ebenso laufenden Verbrauch produziert wird; dieser fundus wird zugunsten der Mächtigeren und/oder Gerisseneren und zuungunsten der Schwächeren, Ungeschickteren oder Unerfahreneren *umverteilt;* die einen werden reicher oder leben üppiger, die anderen werden ärmer oder leiden noch größere Entbehrung als ohnehin; die Gesamtheit bleibt (so reich oder) so arm wie zuvor. Ja, die Machenschaften der feudalen, feudaloiden oder bourgeoisen Ausbeuter entmutigen oder vereiteln die Bemühungen strebsamer Bauern und Handwerker, ihre Wirtschaft auf einen höheren Stand zu bringen, und *verhindern* damit den wirtschaftlichen Aufstieg überhaupt. Das ist die Signatur einer Wirtschaft, die außer der Existenznot *nur* das Bereicherungsstreben als treibende Kraft kennt. Eine solche Wirtschaft ist zur Stagnation verdammt; Bevölkerungszuwachs kann für sie nichts anderes bedeuten als Verengung des ohnehin schon zu engen Nahrungsspielraums. (NB! *Dies* ist die Sünde der „Habsucht", wie sie den großen Moraltheologen der *vor*kapitalistischen Zeit *allein* vor Augen stand und von ihnen mit vollem Recht so hart verurteilt wurde.)

Das kapitalistische Unternehmen eine „Veranstaltung zur Wertschöpfung"

Von der einseitig vom Bereicherungsstrcben beherrschten *vor*kapitalistischen hebt die kapitalistische Wirtschaft sich gerade dadurch deutlich ab, daß in ihr das Profitstreben seine *Allein*herrschaft einbüßt und sozusagen ins zweite Glied zurücktritt. Im Kommunistischen Manifest feiern Marx und Engels die ungeheuere Leistung, die der Kapitalismus durch Entfesselung der Produktivkräfte vollbracht hat. Worauf beruht das? Es beruht darauf, daß der kapitalistische Unternehmer an erster Stelle es *nicht* darauf ablegt, reich zu werden, indem er anderer Leute Geld in seine Tasche lenkt, sondern dadurch, daß er neue Werte *schafft*. Das kapitalistische Unternehmen ist eine „Wertschöpfungsanstalt"; erfolgreich geführt, bringt es *mehr* Werte hervor, als es verzehrt; demzufolge ist nachher *mehr* an Werten da als vorher; der Reichtum hat insgesamt zugenommen; zwar sind nicht alle reicher, aber niemand ist ärmer geworden. Das Bereicherungsbestreben – wir können auch sagen: die Profitgier – der *vor*kapitalistischen Wirtschaft ist nicht nur *un*produktiv, sondern verhindert den wirtschaftlichen Aufstieg; das für die kapitalistische Wirtschaft *typische* Profitstreben ist ausgesprochen *produktiv*. Marx hat das sehr wohl gewußt; wenn man manches liest, was Neomarxisten über Profitstreben und Profitwirtschaft schreiben, gewinnt man den Eindruck, daß sie *unfähig* sind, es zu begreifen. – Um jeder Mißdeutung vorzubeugen, sei hier eigens angemerkt: auch in der kapitalistischen

Wirtschaft gibt es *neben* dem für sie typischen produktiven Profitstreben auch *massive Rückfälle* in vorkapitalistischer Profitgier. Wie wir aus der vollendeten demokratischen Rechtsstaatlichkeit immer wieder in Terroraktionen und selbst in voll ausgebaute Terrorregime, aus der Friedensordnung in kriegerische Verwicklungen zurückfallen, so fällt auch die kapitalistische Wirtschaft, fallen die kapitalistischen Unternehmer und vielleicht sogar auch ihre Gegenspieler, auch die Haushalte und Verbraucher, manchmal in Verfehlungen zurück, die sie mit der *vor*kapitalistischen Wirtschaft hinter sich gelassen haben sollten.

Profitstreben in den Dienst der Produktivität gespannt

Die großen Erfolge der kapitalistischen Wirtschaft können gar nicht anders als durch *produktive Leistungen* erzielt sein; so viel Reichtum an sich zu bringen, indem man anderen wegnahm, was sie hatten, wäre aus dem einfachen Grunde nicht möglich gewesen, weil so viel überhaupt *nicht da war* (wenn heute nahezu jeder Arbeiter bei uns sein Auto hat, dann haben wir diese Autos nicht unterentwickelten Völkern abgenommen, sondern unsere Arbeiter haben diese Autos selbst gebaut!). Wie der Kapitalismus – den hier zu personifizieren einmal erlaubt sei – es angestellt hat und wie es ihm gelungen ist, das Profitstreben in den Dienst der Produktion, in den Dienst immer weiter steigender Produktivität einzuspannen, ist eine Frage, der nachzugehen sich verlohnt. Hier muß es genügen festzustellen: wie das Profitstreben keine Eigentümlichkeit des Kapitalismus ist, so ist es streng genommen auch nicht *sein*

Verdienst, sondern das Verdienst des von ihm in seinen Dienst genommenen *marktwirtschaftlichen* Prinzips, das Profitstreben zwar nicht vollständig, aber doch weitgehend in den Dienst der Produktivität der Wirtschaft eingespannt zu haben.

2. Wirkungsweise des unternehmerischen Erfolgsstrebens

Wie wirkt dieses für die kapitalistische Wirtschaft typische unternehmerische Gewinnstreben sich auf Vollzug und Ergebnis dieser Wirtschaft aus? – Bei dieser Frage unterstellen wir bereits eine geldrechenhafte Markt- oder Verkehrswirtschaft, in der das unternehmerische Erfolgstreben wenn auch nicht allein, so doch maßgeblich als *Gewinn*streben wirksam ist; im Ergebnis *soll* Gewinn herauskommen; der Jahresabschluß des Unternehmens *soll* eine Gewinnziffer ausweisen; seine gesamte Gebarung wird an der Erfolgs-, d.h. Gewinnrechnung ausgerichtet und ihrer *Kontrolle* unterstellt.

Ziel des Unternehmens

Um hier weiterzukommen, ist an erster Stelle zu klären, was denn in einer solchen geldrechenhaften Markt- oder Verkehrswirtschaft sinnvollerweise das Ziel oder das anzustrebende Ergebnis eines Unternehmens sein kann, sowie ob oder inwieweit das, was mit „Gewinn“ gemeint ist oder darunter verstanden wird, sich damit deckt. Das ist um so notwendiger, als der an sich schon mißverständliche Begriff „Gewinn“ obendrein auch noch verschieden weit oder eng gefaßt wird. Diese Unstimmigkeiten belasten die ganze Auseinandersetzung und stiften Verwirrung; um sie völlig auszuräumen, wäre es erforderlich, die ganze Theorie der Markt- oder Verkehrswirtschaft aufzurollen; hier muß das Allernotwendigste genügen.

Maß für den Erfolg

Soll das Ergebnis des Unternehmens *gemessen* werden, so kann dies sinnvollerweise nur der *Überschuß* dessen sein, was im Unternehmen an Werten *geschaffen* wird, über die dabei oder dafür *verbrauchten* Werte oder, wie wir zu sagen pflegen, der *Überschuß* der Wert*schöpfung* über den Wert*verzehr*. Wäre das Wort „Mehrwert" nicht bereits vergriffen und obendrein mit Emotionen belastet, dann wäre „Mehrwert" ein ebenso treffender wie kurzer sprachlicher Ausdruck für diesen Überschuß. Da wir auf die Bezeichnung als „Mehrwert" verzichten müssen, steht uns nur der Ausdruck *Netto-Wertschöpfung* zur Verfügung, um unzweideutig auszudrücken, was gemeint ist; wo keine Verwechslung zu befürchten ist, steht nichts im Wege, kürzer einfach von Wertschöpfung zu sprechen. Offenbar ist diese (Netto-)Wertschöpfung das Ziel, zu dem *alle* im Unternehmen zusammenwirken; nichtsdestoweniger ist im Zusammenhang mit dem Unternehmen kaum je von der Wertschöpfung die Rede, sondern stets vom *Gewinn*. Setzt der Sprachgebrauch Unternehmen und Gewinne in so enge Beziehung, dann ist es zumindest eine wohlbegründete Vermutung, daß es, um „Gewinn" richtig zu verstehen, zunächst einer richtigen Vorstellung vom Unternehmen als „Wertschöpfungsveranstaltung" bedarf.

Zusammenwirken der Faktoren

Im Unternehmen wirken – davon war schon an früherer Stelle die Rede – unter der Leitung des (selbständigen oder beauftragten) Unternehmers die Arbeiteinsetzer und die Kapitaleinsetzer zusammen; alle drei Faktoren, die beiden Elementarfaktoren Arbeit und Kapital und der „dispositive" Faktor Unternehmensleitung, tragen – jeder zu seinem Teil und in seiner Weise – zum Ergebnis bei. In der Geldrechnung stellt das Ergebnis sich dar als der Überschuß der Erlöse über die Kosten: diesen Überschuß nennen wir den Reinertrag oder kurz einfach den „Ertrag" des Unternehmens. Zu den „Erlösen", wie sie hier verstanden werden, zählt auch der Geldeswert dessen, was an Erzeugnissen noch nicht verkauft, aber verkäuflich ist, sowie ein etwaiger Zuwachs zum Anlagevermögen. Schwieriger bestimmt sich, was „Aufwand" ist oder zu den „Kosten" gehört. Unstreitig gehört zum Aufwand oder zu den Kosten der technische Verschleiß und gegebenenfalls die sonstige Entwertung des Anlagevermögens, das insoweit eben „verbraucht" ist. Dasselbe gilt von dem Verbrauch an Sachmitteln, an Energie, kurz von allen verbrauchten Zulieferungen oder Leistungen von dritter Seite. Wie aber verhält es sich mit dem eingesetzten *Kapital* und mit der in dem Zeitraum, über den abgerechnet wird, für das Unternehmen geleisteten *Arbeit?* Das sind echte Sachfragen; leider verknüpfen sich mit den sachlichen Schwierigkeiten auch solche sprachlicher (terminologischer) Art, die eine Verständigung sehr erschweren.

Zeitraum, nicht Zeitpunkt

Da wir es nicht mit dem *Stand* des Unternehmens zu einem bestimmten Zeit*punkt*, sondern mit seiner

Leistung in einem Zeit*raum* zu tun haben, sind Bestandgrößen und Stromgrößen zu unterscheiden. Das Anlagevermögen des Unternehmens bzw. das darin „investierte" Kapital ist – soweit es am Ende des Abrechnungszeitraums noch das gleiche ist wie am Anfang – eine Bestandsgröße; als solche ist sie kein Aufwand (= nicht verbraucht); nur ihre *Nutzung* ist verbraucht; hier stellt sich mit Recht die Frage, ob sie *mit Nutzen* verbraucht oder nutzlos vertan wurde. Für die abgelaufene Zeit kann man dieses Kapital jedenfalls nicht noch einmal nutzen; auch die Gelegenheit, es für einen anderen, vielleicht nützlicheren Zweck zu nutzen, ist endgültig dahin. Soweit es sich um *Fremd*kapital handelte, mußte man für seine Nutzung, Entgelt in Gestalt von Zins, Miete, Pacht oder dgl. zahlen; das sind unstreitig Kosten, die unbedingt auch als solche verbucht werden müssen. Für das *Eigen*kapital dagegen zahlt man an sich selbst keine Zinsen, Miete oder Pacht; mit Fug und Recht kann man sich aber fragen, ob es nicht dennoch – schon um der Vergleichbarkeit willen – angezeigt oder geboten wäre, sie als „kalkulatorische" Zinsen, Mieten oder Pachten im Rechnungswerk auszuweisen. In der Regel geschieht das jedoch nicht, sondern sieht man die „ersparten" Zinsen usw. als *Gewinnbestandteile* an. Aus dem, was als „Gewinn" ausgewiesen wird, sind also im einen Fall Zinsen und dgl. ausgeschieden, im andern Fall nicht: zwei verschiedene Begriffe von „Gewinn".

Arbeit = Aufwand oder Wertverzehr

Wie aber steht es um die im Unternehmen eingesetzte menschliche *Arbeit?* Diese Arbeit ist wirklich für das Unternehmen aufgewendet und verbraucht, in diesem Sinne also echter Aufwand (in der anderen Terminologie „Wertverzehr"). Buchhalterisch wird die eigene Tätigkeit des Inhabers (selbständigen Unternehmers) im allgemeinen ebenso behandelt wie die Nutzung des Eigenkapitals; da sie ihm nicht aus der Unternehmenskasse bezahlt wird, bleibt sie auch im Rechnungswerk meist unberücksichtigt; nur ausnahmsweise wird „kalkulatorischer Unternehmerlohn" ausgewiesen; in der Regel steckt auch er ebenso wie die Verzinsung des Eigenkapitals im „Gewinn". Dagegen beziehen die beauftragten Unternehmer („Manager") Gehälter, die an sie ganz ebenso wie die Löhne ausgezahlt und im Rechnungswerk als „Kosten" ausgewiesen werden.

Arbeitslohn ertragmindernd oder Ertragsanteil?

Hier fragen wir uns mit Recht, ob der Unternehmerlohn des selbständigen Unternehmers, die Gehälter der Manager und die gesammten Löhne bei wirtschaftlicher Betrachtungsweise als *Kosten* anzusehen sind, die als solche den Gewinn *mindern*. Das, was die *Kapital*einsetzer unter welchem Namen immer für ihren Einsatz an haftendem Kapital erhalten, wird von jeher und ganz selbstverständlich *nicht* als Kosten, *nicht* als gewinnmindernd, sondern als (ausgeschütteter oder nichtausgeschütteter) *Gewinn* verbucht und als *ihr Anteil* am erwirtschafteten Ertrag angesehen. Dann aber erscheint es nur folgerecht, das, was die *Arbeit*einsetzer für ihren Einsatz im Unternehmen erhalten, ganz ebenso als *ihren Anteil* an dem anzusehen und zu behandeln, was durch den gemeinsamen Einsatz von Kapital und Arbeit unter unternehmerischer Leitung erwirtschaftet wurde, also gleichfalls als *Gewinn*.

Sprachverwirrung um den Gewinn

Die heutige Denk- und Sprechweise lehnt das rundwewg ab. Unter „Gewinn" versteht sie keineswegs das, was *insgesamt* erwirtschaftet wurde. Ohne Unterschied, ob der Gewinnbegriff weiter oder enger gefaßt wird, werden in jedem Fall Löhne und Lohnnebenkosten *vorweg* vom erwirtschafteten Ertrag abgezogen. Alsdann ist Gewinn zunächst einmal das, was nach weiterem Abzug aller anderen Kosten einschl. Zinsen, Mieten oder Pachten auf eingesetztes Fremdkapital vom Ertrag übrigbleibt. Nach Abzug des Unternehmerlohns verbleibt der Gewinn *vor* Steuern; nach weiterem Abzug auch derjenigen Steuern, die nicht bereits als Kostensteuern unter „Kosten" abgebucht sind, verbleibt der Gewinn *nach* Steuern. Im Jahresabschluß wird oft nur der zur Ausschüttung an die Kapitalbeteiligten vorgesehene Betrag (nach einem bekannten Scherzwort das, was man beim allerbesten Willen nicht mehr verstecken kann) als sogenannter „Bilanzgewinn" ausgewiesen und der „einbehaltene" Gewinn unter anderen Bezeichnungen verbucht. So sind es sehr verschiedene Größen, die unter der gleichen Bezeichnung „Gewinn" umgehen. Viel Streit über Höhe, Berechtigung und Verteilung des Gewinns ließe sich vermeiden, wenn man sich zuerst einmal verständigen würde, welchen dieser verschiedenen Gewinnbegriffe man meint. Nur beim Streit um das dem Kapitalismus zum Vorwurf gemachte Gewinn- oder Profitstreben erübrigt sich eine solche Verständigung; hier sind die streitenden Teile von vornherein darüber einig, was sie meinen: Gewinn (Profit) ist der Anteil der *einen*, d.i. der Unternehmer oder Kapitalisten; die Löhne sind der Anteil der *anderen*, d.i. derer, die durch ihre Arbeit zum Unternehmen mitwirken. Grob ausgedrückt: die Löhne gehen auf Kosten oder zu Lasten des Gewinns; so sehen es die *einen;* der Gewinn (Profit) geht auf Kosten oder zu Lasten ihrer Löhne, ist „vorenthaltener Lohn"; so sehen es die *anderen.*

Unterschiedlicher Wortgebrauch ...

Das ist zweifellos die bei uns ganz allgemein herrschende Auffassung. Welch starken Einfluß dabei der *Wortgebrauch der Umgangssprache* auf die Vorstellungen und das Denken ausübt, zeigt besonders deutlich die der unsrigen geradezu entgegengesetzte Haltung der Amerikaner, auch der amerikanischen Gewerkschaften, zum Profit, zur Profitwirtschaft und zum Kapitalismus überhaupt. In der Sicht des deutschen Arbeiters ist der Profit, wie gesagt, „vorenthaltener Lohn" und als solcher aufs tiefste verabscheuenswert; unsere deutschen Gewerkschaften sehen es als ihre Aufgabe an, die Unternehmergewinne so klein wie möglich zu halten und, wenn es ginge, sie völlig zu unterdrücken. Aber auch dem deutschen Unternehmer ist diese Auffassung nicht ganz fremd; bei seinem Gewinn ist ihm nicht so recht wohl; er hat ihm gegenüber kein ganz gutes Gewissen; er sucht ihn zu verstecken – nicht nur um keinen Neid zu erregen oder um ihn nicht versteuern zu müssen oder weil ausgewiesener hoher Gewinn leicht neue Lohnforderungen provozieren könnte, sondern auch, weil protziger Gewinn irgendwie anstößig oder anrüchig ist. – Ganz anders die Amerikaner. Der amerikanische Unternehmer bekennt sich zu seinem Profitstreben, ist stolz auf seinen Profit, rühmt sich seines Profits. Und die amerikanischen Gewerkschaften bekennen sich zu ‚free enterprise' und ‚free competition' und sehen es als die erste Pflicht eines Unternehmers an, tüchtig Profit zu machen (das ist sein Job!); sie fordern von ihm, möglichst hohe Profite zu machen; ein Unternehmer, der *keinen* Profit macht, gehört nach ihrer Meinung zum Teufel gejagt.

... mit weittragenden Folgen

Woher diese gänzlich verschiedene Einstellung? Die Erklärung ist sehr einfach. Die Amerikaner verstehen unter „Profit" den *ganzen* Unternehmensertrag; die Gewerkschaften wollen dem Unternehmer möglichst viel davon abjagen; dazu muß er aber zuerst einmal ordentlich Profit gemacht haben. Wenn unsere Gewerkschaften den „Kapitalismus" ablehnen, die amerikanischen dagegen ihm ganz unbefangen gegenüberstehen, so erklärt sich das zum Teil aus dem *verschiedenen Umfang* dessen, was sie unter „Profit" verstehen. Die amerikanischen Gewerkschaften sind keinen Deut unternehmerfreundlicher als die deutschen; im Gegenteil, sie springen viel härter mit ihm um. Aber ihre Haltung ist realistischer als die etwas verklemmte antikapitalistische Haltung unserer Gewerkschaften. In der Sache wollen sie zu beiden Seiten des Atlantik ganz dasselbe: *mehr* für den arbeitenden Menschen herausholen.

Den harten Kern des Streites bilden die *Löhne.* – Daß die Löhne aus dem (Roh-)Ertrag des Unternehmens gezahlt werden müssen, liegt auf der Hand; woher sollten sie sonst genommen werden? Um gezahlt zu werden, müssen die Löhne genau wie alles andere zuerst *erwirtschaftet* sein; auch das bezweifelt oder bestreitet niemand, am allerwenigsten diejenigen, die alles, was den Kapitaleinsetzern zugute kommt, als „vorenthaltenen Lohn" ansehen. Nach der heutigen *Rechtslage,* wonach die Arbeitnehmer im Lohnarbeitsverehältnis stehen und insofern keine Unternehmensangehörigen sind, dem Unternehmen vielmehr ganz wie die Lieferanten und Kunden als „Dritte" gegenüberstehen, steht auch die von ihnen „gelieferte" Arbeit den von anderen Unternehmern bezogenen Lieferungen formalrechtlich gleich, und werden daher die Löhne mit vollem Recht auch ganz so wie die Zahlungen an andere „Lieferanten" als „Kosten" verbucht und wirken folgerecht – auch im steuerrechtlichen Sinn – gewinn*mindernd* (demgemäß versteuern die Arbeitnehmer ihre Löhne auch nicht als Unternehmensgewinn oder Kapitalertrag, sondern als Einkommen aus unselbständiger Arbeit). – Sieht man dagegen in *wirtschaftlicher* Betrachtungsweise das Unternehmen als *Verbund* derer, die durch ihren Einsatz von Kapital oder Arbeit oder von beidem zusammen zum Unternehmen beitragen (sich an dem, was da unternommen wird, „beteiligen"), dann stellt sich die Frage nach der Leistung, dem Ergebnis oder dem Erfolg des Unternehmens ganz anders. Dann bestimmt die Leistung des Unternehmens sich nicht danach, was nach Abzug aller erdenklichen Aufwände *einschließlich* der Entlohnung der für das Unternehmen geleisteten Arbeit letzten Endes für die Kapitaleinsetzer als Restgröße (Residuum) übrigbleibt; insbesondere ist die Leistung des Unternehmens nicht einseitig oder ausschließlich auf den Einsatz an sogenannten „verantwortlichen oder Eigen-Kapital als Bezugsgröße zu beziehen; Bezugsgröße kann dann nur der *Gesamt*einsatz sein, der sich zusammensetzt aus den *Bestands*größen Eigen- und Fremdkapital *und* den *Strom*größen verbrauchte Sachwerte *und* verbrauchter Einsatz an menschlicher Arbeit; nur eine solche Rechnung hat überhaupt einen vernünftigen Sinn.

Grenzen der Rechenbarkeit

Die Aussagekraft jeder Rechnung dieser Art hängt allerdings ganz davon ab, wieweit es uns gelingt, alle hier vorkommenden Größen einigermaßen *zutreffend* in Geldeswert zu veranschlagen, wobei noch die besondere Schwierigkeit hinzukommt, daß hier Bestandsgrößen und Stromgrößen auf einen gemeinsamen Nenner gebracht werden müssen. Das erfordert, entweder für die Bestandsgröße Kapitaleinsatz deren *Nutzung* während des Abrechnungszeitraums einzusetzen oder umgekehrt die in diesem Zeitraum für das Unternehmen geleistete Arbeit zu „kapitalisieren“, wozu wir einen Rechnungszinsfuß bzw. einen Kapitalisierungsfaktor benötigen. – Wir wissen, wie fragwürdig ohnehin unsere geldrechenhafte Wirtschaftsrechnung ist. Wenn wir nichtsdestoweniger die Geldziffern, in denen wir alles veranschlagen und verbuchen, als „richtig“ unterstellen, dann sind wir uns bewußt, daß dies eine Fiktion oder, höflicher ausgedrückt, eine Konvention ist; in Ermangelung eines Besseren nehmen wir damit vorlieb und halten uns an die getroffene Konvention; wir verfahren so, *als ob* unsere Löhne, Preise, Zinssätze u. a. m. die objektiv gegebenen Knappheiten und die daraus sich ergebenden Tauschrelationen *zutreffend* wiedergäben. Darlegungen in Zahlen sind dazu angetan, den Eindruck der Genauigkeit und Zuverlässigkeit zu erwecken. Um so mehr müssen wir bei uns das Bewußtsein wachhalten, wie schwankend der Boden ist, auf dem wir uns da bewegen; die einzige Rechtfertigung, die wir haben, ist diese: *in Ermangelung eines Besseren.*

Ertrag und Gewinn fälschlich gleichgesetzt

Hätte das unternehmerische Erfolgsstreben zum Ziel, für *alle* am Unternehmen Beteiligten einen möglichst hohen Ertrag zu erwirtschaften, der dann nach irgendeinem Schlüssel den verschiedenen Beteiligten zuzurechnen wäre und zugute käme, dann wäre die Lage unvergleichlich *durchsichtiger.* Wir brauchten dann nur zu untersuchen, was es für den Ablauf der Wirtschaft, für die Richtung, die sie einschlägt und für das Ergebnis, das dabei herauskommt, bedeutet, wenn die Unternehmensleitungen grundsätzlich – wenn auch mit gewissen Einschränkungen, Nebenbedingungen u. a. m. – möglichst hohe Wertschöpfung (Überschuß, Ertrag) anstreben. Ist dagegen nicht das bestmögliche *Gesamt*ergebnis, sondern ein möglichst hoher „Gewinn" als *Teil*ergebnis das Ziel, dann läßt die an sich durchaus begründete Mutmaßung, die Orientierung an der Wertschöpfung (Gesamtertrag) führe die Wirtschaft auf den richtigen Weg, sich keineswegs ohne weiteres auf die Orientierung an diesem „Gewinn" übertragen. – Daß das Streben nach *Gewinn* immer in dem hier klargestellten Sinn als Teilergebnis verstanden – den Ablauf der Wirtschaft in die gleiche Richtung dränge wie das Streben nach möglichst hoher Wertschöpfung (Gesamtergebnis), ist eine keineswegs wirklichkeitsnahe Annahme. Nichtsdestoweniger wird von Unternehmer-(Arbeitgeber-)Seite ganz allgemein so argumentiert, als seien die beiden Begriffe beliebig austauschbar, indem „Gewinn" gewissermaßen als pars pro toto stehe (als Teil für das Ganze).

Genau das ist denn auch die Stelle, an der die Verfechter und die Bekämpfer des Kapitalismus nicht zueinander finden, vielmehr ständig aneinander vorbeireden. Die einen vertauschen mit größter Selbstverständlichkeit Streben nach hoher Wertschöpfung und Gewinnstreben, ja sie scheinen gar nicht zu merken, daß das eine Falschmünzerei ist, daß es sich da um zwei wesentlich verschiedene Zielsetzungen handelt, die zwar gelegentlich in der gleichen Richtung zielen, sehr wohl aber auch auseinanderlaufen, ja in ganz harten Konflikt miteinander treten können. Für die anderen sind diese beiden Ziele und Zielstrebungen auf den ersten Blick so grundverschieden, daß sie nicht zu begreifen vermögen, wie jemand diesen Unterschied oder richtiger diesen Gegensatz übersehen oder darüber hinweggehen kann.

Zu einer fairen Diskussion gehört, daß beide Teile zu Wort kommen und angehört werden; auch die Diskutanten selbst müssen bereit sein, nicht nur auf der Grundlage der eigenen Voraussetzungen, sondern auch auf der Grundlage der Voraussetzungen des anderen Gesprächsteilnehmers zu diskutieren; nur so kommt man zur Klarheit, und nur so kann es gelingen, den Verfechter des Irrtums auf seinem eigenen Boden zu schlagen und so die Wahrheit zum vollen Sieg zu führen.

Geben wir zunächst der Unternehmer-(Arbeitgeber-)Seite das Wort und lassen sie ihre Rechtfertigung des Gewinnstrebens vortragen; dabei lassen wir erst zunächst offen, ob wir da, wo *sie* „Gewinn" *sagen*, nicht „Wertschöpfung" *hören* müssen.

Keine Rechtfertigung durch Berufung auf:

a) Die Erfahrung

An erster Stelle berufen sie sich auf die *Erfahrung.* Diese zeige schlagend, die vom unternehmerischen Gewinnstreben angetriebene und geleitete kapitalistische Wirtschaft habe die Aufgabe, Mittel zur Befriedigung menschlicher Bedürfnisse bereitzustellen, erfolgreicher gelöst als jede andere bisher erprobte Wirtschaftsweise; der vom Gewinnstreben entfesselte Leistungswettbewerb habe zu einer Befriedigung menschlicher Bedürfnisse geführt, die man sich bis dahin überhaupt nicht hätte vorstellen können.

Die Tatsache, daß wir einen bisher noch nie dagewesenen Wohlstand erreicht haben, ist allbekannt und unbestritten. Die liberalkapitalistische Wirtschaft hat beispiellose, bis dahin für unmöglich gehaltene Leistungen vollbracht, und ebenso unbestreitbar war das Gewinnstreben der Unternehmer dabei treibende Kraft. Allerdings darf nicht verschwiegen werden, *um welchen Preis* diese Erfolge erkauft worden sind; wir kennen die *Arbeiterfrage* als die „soziale Frage" der kapitalistischen Wirtschaft; wir wissen um volks- und weltwirtschaftliche Zusammenbrüche; wissen um das grausame Spiel der wirtschaftlichen Wechsellagen von der überhitzten Hochkonjunktur bis zur tiefsten Depression mit Massenarbeitslosigkeit und Massenelend; wir wissen um die ungerechten Folgen einer Geldentwertung, wissen auch um den unheilvollen Einfluß, den wirtschaftliche Mächte und ihr Profitstreben auf die innere und selbst auf die internationale Politik ausgeübt haben bis zur Entfesselung vor Bürgerkriegen und äußeren Kriegen. Bleiben wir aber bei den unbestreitbaren Leistungen: darüber, ob das *Gewinn*streben sie sich zuschreiben darf, ob es, wenn schon die treibende, so auch die *richtungsweisende* Kraft war, ob die zwar offenbar mit dem Gewinnstreben *vereinbaren* günstigen Erfolge nicht durch Umschalten auf Wertschöpfung in noch *höherem* Maß oder um einen *geringeren* Preis zu erzielen gewesen wären, darüber sagt die Erfahrung nichts, kann Erfahrung allein gar nichts aussagen. *Bewiesen* ist nur: wenn andere notwendige Bedingungen erfüllt sind, *kann* auch eine auf die Restgröße „Gewinn" abzielende Wirtschaft reichliche Mittel zur Befriedigung menschlicher Bedürfnisse bereitstellen; die Frage dagegen, ob und in welchem Ausmaß das unternehmerische Streben nach *Gewinn* dazu beiträgt, *alle*, also auch die Lohn- und Gehaltsempfänger, angemessen zu versorgen, und erst recht die Frage, ob es diese Versorgung *gewährleistet*, diese Frage bleibt völlig offen.

b) Das Theorem der ‚harmonia praestabilita'

So mag der immerhin eindrucksvolle Erfahrungsbeweis uns wohl geneigt machen, solange wir nichts Besseres wissen, uns den Kapitalismus gefallen zu lassen und uns mit dem Gewinnstreben der kapitalistischen Unternehmer abzufinden. Das genügt den Verfechtern des Kapitalismus jedoch nicht; sie wollen mehr, wollen uns die vorbehaltlose Zustimmung abringen, der Kapitalismus sei das denkbar vollkommenste aller überhaupt möglichen „Systeme", und so legen sie uns ein *Theorem* vor, das jeden Widerspruch ausschließe.

Das anspruchsvolle Theorem entpuppt sich als die wohlbekannte ‚harmonia praestabilita': Der größte überhaupt mögliche Nutzen springt unbedingt zuverlässig und ganz von selbst dann heraus, wenn alle einzelnen ihr wohlverstandes Eigeninteresse wahren. Wir vervollständigen: Da nun aber anzunehmen ist, daß die Unternehmer ihr eigenes Interesse nicht nur richtig verstehen, sondern es auch in der geeigneten Weise wahrnehmen, kann es nicht ausbleiben, daß ihr Erfolgs- oder Gewinnstreben zugleich den größten gesellschaftlichen Nutzen stiftet. – Wo die modelltheoretischen Voraussetzungen dieses Theorems zutreffen, stimmt es und ist sogar mathematisch exakt beweisbar. Demnach ist nach den ausdrücklichen und den stillschweigenden Voraussetzungen des Modells zu fragen.

Fehlende Chancengleichheit. Ausdrücklich zugrunde gelegt wird eine Markt- oder Verkehrswirtschaft mit privatem Eigentum, Vertragsfreiheit und Wettbewerb, wobei alle Wettbewerber die *gleichen* Chancen haben oder jedenfalls keine so ungleichen Chancen bestehen, daß die einen von vornherein sich eines nicht mehr einzuholenden Vorsprungs vor anderen erfreuen. Damit erweist das Modell sich für die kapitalistische Wirtschaft und für unsere bestehende Gesellschaft, in der zwischen selbständig wirtschaftenden Unternehmern und unselbständig erwerbstätigen Arbeitnehmern eine grundlegende Chancen*un*gleichheit besteht, von vornherein als *nicht zutreffend.* Im Modell sind offenbar *alle* ohne Ausnahme selbständige Unternehmer; Arbeitnehmer gibt es entweder überhaupt nicht, oder sie stehen außerhalb des Modells und sind bloße Betriebsmittel der in ihm beschriebenen Wirtschaft. *Wenn* diese Wirtschaft die menschlichen Bedürfnisse der im Modell gar nicht vorkommenden Arbeitnehmer befriedigt, so ist das gewiß nicht das *Ziel,* worauf sie hingeordnet ist und zu dem sie durch das unternehmerische Gewinnstreben hingeführt wird, sondern ist ein überraschender, auf den ersten Blick sogar unerklärlicher, allerdings freudigst zu begrüßender *glücklicher Nebenerfolg.*

Reine ‚Katallaktik'. Das Modell weist aber noch andere Merkwürdigkeiten auf. In dieser eigentümlichen Wirtschaft gibt es weder Erzeugung noch Verbrauch von Gütern, sondern ausschließlich *Tausch*akte; seine Wirtschaft ist reine „Katallaktik", seine Gesellschaft reine *Händler*gesellschaft; es gibt nur den Markt, und wer keine dem Markt genehme und vom Markt honorierte Leistung anzubieten hat, für den ist in *dieser* Gesellschaft kein Platz. Erst recht hätte eine solche Gesellschaft keinen Platz für die *Familie.* Ohnehin besteht zwischen Marktwirtschaft und Familie ein Mißverhältnis oder eine Spannung, die sich in dem Maße verschärft, wie die Selbstversorgung abnimmt und die Bedarfsdeckung mehr und mehr über den Markt erfolgt. Wirtschaftlich eingebettet ist die Familie ja nur dann, wenn sie nicht allein Verbrauchergemeinschaft, sondern zugleich auch Produktionsgemeinschaft ist wie der bäuerliche oder handwerkliche Familienbetrieb. Am *Markt* erscheinen sowohl die noch nicht erwerbsfähigen Kinder als auch die nicht mehr erwerbsfähigen Alten nur als Nachfrager, ohne etwas anzubieten zu haben; in einer Wirtschaft, die nur aus einem Markt bestünde und sich in Tauschakten erschöpfte, würden sie einfach ausfallen; damit versagt eine solche Wirtschaft der Familie schlechthin das Daseinsrecht und die Daseinsmöglichkeit. Handelte es sich nicht um ein auf höchster Abstraktionsstufe stehendes und darum bewußt und eingestandenermaßen wirklichkeitsfremdes *Modell*, so würde man sich vom Bilde einer so extrem asozialen Gesellschaft mit Grausen abwenden. Leider aber müssen wir das Modell trotz seiner abstrusen Merkwürdigkeiten akzeptieren, denn es ist *didaktisch nicht zu entbehren.* Das Funktionieren, der Koordinationsmechanismus einer Markt- oder Verkehrswirtschaft ist so viel schwerer zu verstehen als die Subordination einer Zentralverwaltungswirtschaft, daß wir den Studierenden mit Hilfe solcher bis zur extremen Wirklichkeitsfremdheit vereinfachten Modelle in ihr Verständnis einführen oder mindestens versuchen müssen, ihn an ihr Verständnis heranzuführen – selbst auf die Gefahr hin, daß der Lehrer selbst der verführerischen Täuschung erliegt und sein Modell für die Wirklichkeit nimmt. – Weitaus die meisten Irrtümer, die in liberalen Organen oder von der liberalen Interessenlobby verkauft werden, entspringen dieser verhängnisvollen Verwechslung von Modell und Wirklichkeit.

c) Erfordernis der Rentabilität

Einsichtige Unternehmer und eine intelligente Lobby wissen, daß mit dem schönen Theorem, selbst wenn man es mit allen *neo*liberalen Erkenntnissen bereichert und berichtigt, nichts auszurichten ist; nichtsdestoweniger geben sie den Versuch nicht auf, wenigstens *glaubhaft* zu machen, daß die Unternehmen recht daran tun, sich an Unternehmens*gewinn*, ja näherhin an der *Rentabilität* zu orientieren. Sie können einiges dafür vorbringen, das sich nicht einfach von der Hand weisen läßt. – *Ein* durchaus handfestes Argument dafür ist dieses, daß ein Unternehmen, um überhaupt Kapital zu bekommen, dem Kapital etwas bieten muß und daß das Kapital, wenn es freie Hand hat, sich denjenigen Unternehmen zuwendet, die ihm die höchste Rendite bieten. In einer Markt- oder Verkehrswirtschaft konkurrieren die Unternehmen um das Kapital, und – so scheint es wenigstens – dieses wird am nützlichsten dort angelegt, wo mit seiner Hilfe der höchste *Ertrag* erzielt wird. Mit den Augen des Kapitalanlegers gesehen sind das aber die Unternehmen, die ihm die höchste Rendite bieten. Für den Kapitaleinsetzer ist eine solche Überlegung vollkommen überzeugend, ja unwiderlegbar schlüssig; dafür krankt sie aber an dem uns bereits bekannten typischen Fehler, den Kapitaleinsetzer mit dem Unternehme*n*, den Nutzen für *einen* am Unternehmen Beteiligten mit der Wertschöpfung des Unternehmens zu verwechseln, die *allen* am Unternehmen Beteiligten und/oder der Gesamtwirtschaft, der Bedarfsdeckung der Allgemeinheit, zustatten kommen soll.

Größe des Kuchens oder dessen Verteilung?

Wie aber ordnen denn diese Unternehmer oder Vertreter der Unternehmer- bzw. Arbeitgeberseite die

Löhne, die sie doch unmöglich übersehen können, in ihren Überlegungen ein? – Teilt der Gesamtertrag sich in Gewinn (hier im weitesten Sinn verstanden) und in Löhne auf, dann muß das Gewinnstreben – so scheint es wenigstens – dahin zielen, den Anteil der Löhne zu verringern; um ebensoviel steigt der Anteil des Gewinns. Bei dieser Sicht sucht das Gewinnstreben aus dem jeweils zu Verteilung anstehenden Gesamtertrag möglichst viel für die Unternehmer- oder Kapitalistenseite herauszuholen. Insoweit haben Ertragsstreben und Gewinnstreben völlig verschiedene Ziele und wirken in grundverschiedener Richtung; ersteres bemüht sich, einen möglichst großen Kuchen zu backen, und wirkt damit *produktiv*; letzteres will aus dem Kuchen ein möglichst großes Stück herausschneiden und wirkt damit *distributiv*. – Soweit die Unternehmer-(Arbeitgeber-)Seite durch Maßnahmen der Rationalisierung Arbeit und damit auch die dafür zu zahlenden Löhne einzusparen sucht, besteht nicht notwendig ein Gegensatz. Fällt die eingesparte Arbeit nicht aus, sondern wird sie für anderweitige produktiv*ere* Verwendung frei, dann bedeutet das höhere Wertschöpfung (wenn nicht im gleichen Unternehmen, so doch in der Gesamtwirtschaft). Soweit dagegen Löhne gedrückt oder der Anstieg der Löhne verlangsamt wird, geht es – mindestens unmittelbar – um eine andere Verteilung zugunsten des Gewinnes, zu Lasten des Arbeitseinkommens. Darauf, daß die rein nominelle Lohnpolitik im *makro*ökonomischen *End*ergebnis an der Verteilung des Sozialprodukts nichts ändert, braucht an dieser Stelle nicht eingegangen zu werden; hier geht es um das, was unmittelbar im Rechnungswerk des einzelnen Unternehmens m*i*kroökonomisch in

Erscheinung tritt; *danach* richten sich die Unternehmensleitungen und müssen sich nach dem, was im vorigen Absatz ausgeführt wurde, zwar nicht ausschließlich, aber doch sehr weitgehend danach richten. Objektiv – daran ist nicht vorbeizukommen – zielen Ertragstreben und Gewinnstreben in verschiedene, zum Teil gegensätzliche Richtung; die Behauptung, daß beide den Ablauf und das Ergebnis der Wirtschaft im gleichen Sinn beeinflussen, trifft einfach nicht zu.

Vergebliche Apologie

Wenn man trotzdem auf Unternehmer-(Arbeitgeber-) Seite glaubt, Ertragstreben und Gewinnstreben gleichsetzen zu können, ja die beiden Begriffe für austauschbar hält, dann kann dem nur eine völlig andere Sicht der Dinge zugrunde liegen. – Zunächst könnte man natürlich versuchen, es sich so zu erklären, daß für sie die Arbeitskräfte eben nichts anderes seien als Betriebsmittel, deren man sich so lange bedient, wie sie weniger kosten als der Einsatz von Automaten; dann wären folgerecht auch die Arbeitslöhne nichts anderes als der geldliche Ausdruck für den nun einmal unvermeidlichen Aufwand für Erhaltung dieser Arbeitskräfte und für den Ersatz ihres Verschleißes, d.i. für diesen *Wertverzehr*, dessen Minderung ganz im gleichen Maß die (Netto-)Wertschöpfung und den Gewinn steigern würde. Daß die Arbeitnehmer menschliche Personen sind und wir wirtschaften, um die Bedürfnisse auch dieser menschlichen Personen zu befriedigen, um ihnen die Mittel zu einem menschenwürdigen Dasein zu verschaffen, läge dann vollkommen außer dem Blickfeld. Natürlich kann man genau das als die typische Haltung des Kapitalismus *definieren*; dann ist ein solcher Kapitalismus selbstverständlich aufs tiefste zu verabscheuen; über die Wirklichkeit ist damit nichts ausgesagt; wir sind damit um nichts klüger. Eine Haltung oder Einstellung wie die eben beschriebene dürfte in einer unterentwickelten Gesellschaft wohl häufiger vorkommen; in fortgeschrittenen Ländern wissen nicht nur die Arbeitnehmer und ihre Gewerkschaften, sondern auch die Arbeitgeber und die Interessenvertreter des Kapitals, daß die Löhne nicht bloß Kosten, sondern auch *Kaufkraft* sind (die letzteren scheinen das allerdings manchmal zu vergessen).

Wie dem auch sei, dieser Erklärungsversuch bringt uns nicht weiter; wir müssen eine *andere* Erklärung ausfindig machen. Man könnte sich vorstellen, für die Unternehmensleitungen seien die Löhne so etwas wie eine als *vor*gegeben hinzunehmende Größe, ein starrer Block; soviel, wie der ausmacht, muß eben zusätzlich erwirtschaftet werden, um den erstrebten Gewinn als Restgröße übrigzubehalten. Damit erschiene der Aufwand für Löhne ähnlich wie Standort, Klima u.a.m. als ein „Datum" für die Unternehmenspolitik und wäre als ein solches überhaupt *nicht* Gegenstand der Unternehmenspolitik. Eine solche Vorstellung ist zwar *un*realistisch; nichtsdestoweniger läßt sich verstehen, wie man in unsern Unternehmer- oder Arbeitgeberkreisen zu einer solchen Vorstellung kommen kann. Man muß bedenken, daß bei uns im allgemeinen nicht die einzelnen Unternehmen, sondern die Arbeitgeberverbände an den Tarifverhandlungen beteiligt sind und die Tarifverträge schließen; daraus kann sich leicht die täuschende Vorstellung entwickeln, die Lohnpolitik werde *außerhalb* der Unternehmen von den Tarifpartnern gemacht und wirke nur in die Unternehmen *hinein*; diese seien gewissermaßen das *Ob*jekt der von den Tarifpartnern gemachten Lohnpolitik, und so seien die Arbeitskosten (Löhne) dem Unternehmen in der Tat *vor*gegeben. In Wirklichkeit ist dem *nur zum Teil* so; nur die tariflich festgelegten Mindestsätze sind dem Unternehmen vorgegeben; alles weitere bleibt der eigenen Lohnpolitik eines jeden Unternehmens überlassen; Maßnahmen der Rationalisierung mit dem Ziel, Arbeit und damit Arbeitskosten einzusparen, sind ganz und gar eigene Sache der Unternehmen und ihrer autonomen Unternehmenspolitik.

Von der Behauptung, Streben nach hoher Wertschöpfung und Streben nach Gewinnmaximierung seien praktisch auswechselbare Begriffe, bleibt also bestenfalls so viel bestehen, daß sie nicht unbedingt notwendig und daher auch nicht ausnahmslos immer in Konflikt miteinander liegen und die unternehmerischen Entscheidungen oder den Ablauf der Gesamtwirtschaft in verschiedene oder gar gegensätzliche Richtungen drängen. In beschränktem Umfang und in bestimmten Grenzen ziehen sie in die gleiche Richtung; insoweit *kann* das Gewinnstreben durch den kräftigen Schuß *Selbstnützigkeit*, den es hineinträgt, das Streben nach hoher Wertschöpfung erfreulich *verstärken*. Darin liegt unbestreitbar ein Vorzug, durch den unsere heutige Wirtschaft sich im Vergleich zu *vor*kapitalistischen Bereicherungsweisen auszeichnet. Allerdings ist er keine Eigentümlichkeit oder gar ein Verdienst, dessen der Kapitalismus sich rühmen dürfte; er steht und fällt mit der Rationalität einer Markt- oder Verkehrswirtschaft, die als solche durchaus nicht kapitalistisch zu sein braucht (vgl. S. 83).

Soviel zur Apologie des Kapitalismus. – Gerade die letzten Ausführungen seiner Apologeten haben enthüllt, daß die in den Unternehmen geleistete menschliche Arbeit in *ihrem* Verständnis schlecht und recht nichts anderes ist als ein Posten der Aufwandrechnung, die in Geld ausgedrückte Summe der Löhne und Lohnnebenkosten, eine unvermeidbare Belastung, die man als notwendiges Übel hinnimmt, aber auch wie alle anderen „Kosten" im Sinne des Rationalprinzips auf jede nur mögliche Weise zu *minimieren* trachtet. – Tröstlich ist da nur, daß man begründeterweise annehmen darf, ein ansehnlicher Teil der kapitalistischen Unternehmer, vielleicht sogar ihre Mehrheit, sei *besser als ihre Apologeten.*

Replik der Gegner

Nachdem die Apologeten des Kapitalismus ausgiebig das Wort hatten, haben dessen *Gegner* Anspruch auf Gelegenheit zu einer Replik.

Aufbauleistung der Sowjetunion

Konnten die Verteidiger des Kapitalismus sich auf dessen auch von Marx anerkannte große Leistungen berufen, so können die heutigen Gegner dem entgegenhalten, wozu Marx noch nicht in der Lage war, inzwischen habe die kommunistische Wirtschaft die gleiche, ja eine noch höhere Leistungsfähigkeit bewiesen. Für seine unbestrittenen Leistungen hätte der Kapitalismus der Verstärkung des Leistungsstrebens durch den „kräftigen Schuß Selbstnützigkeit", den das Gewinnstreben hineingebracht habe, gar nicht bedurft; *ohne* dieses Gewinnstreben leiste die Wirtschaft der Sowjetunion, aber offenbar auch diejenige des kommunistischen China, nicht nur das gleiche, sondern *mehr.* Um eine primitive stationäre Agrarwirtschaft zu einer dynamisch-expansiven Industriewirtschaft zu entwickeln, habe der Kapitalismus etwa sechs Generationen gebraucht; der Kommunismus habe dasselbe in ein bis zwei Generationen zustande gebracht. Daß die Sowjetunion in unglaublich kurzer Zeit ihre Wirtschaft aus einem ganz primitiven Zustand zu einer den führenden Industrieländern ebenbürtigen, in Teilbereichen sogar überlegenen Leistungsfähigkeit emporgeführt hat, ist eine Tatsache, die sich auch nicht damit wegdisputieren läßt, daß man auf die immer noch sehr rückständige sowjetische Landwirtschaft verweist. Diese Tatsache wird auch nicht dadurch widerlegt oder aus der Welt geschafft, daß der Termin, bis zu dem die Wirtschaft der höchstentwickelten kapitalistischen Länder eingeholt und ein für allemal überflügelt werden soll, ebenso wie der für den endgültigen Zusammenbruch des Kapitalismus vorausgesagte Termin immer wieder hinausgeschoben werden muß. Immerhin hat bereits vor einer Reihe von Jahren der „Sputnik" den Amerikanern einen gewaltigen Schrecken eingejagd, von dem sie sich bis heute noch nicht ganz erholt haben. In vielen Bereichen liegt das Rennen seither Kopf an Kopf.

Es hilft auch nichts, auf die ungeheueren *Opfer* zu verweisen, um die der rasante Aufstieg der kommunistischen Länder erkauft worden ist; auch der so viel langsamere Aufstieg der kapitalistischen Länder ist nur um ungeheuere Opfer und Leiden der arbeitenden Bevölkerung erkauft worden. Der Umstand, daß diese Opfer und Leiden inzwischen weit zurückliegen, daß es die *Vor*väter der heute lebenden Generation waren, die diese Opfer zu bringen und darunter zu leiden hatten, darf uns das Augenmaß nicht verfälschen. Auch die beliebte Entschuldigung, diese Opfer und Leiden seien nun einmal *unvermeidbar* gewesen und könnten deswegen dem Kapitalismus oder den kapitalistischen Unternehmern von damals nicht zum Vorwurf gemacht oder angelastet werden, verschlägt nichts; auf genau dasselbe könnten die sowjetischen und anderen kommunistischen Machthaber sich berufen; sie könnten auch die Frage stellen, ob es wirklich schlimmer sei, *eine* Generation in die Fundamente der aufzubauenden neuen und besseren Welt zu stampfen, als diese Opfer und Leiden auf mehrere Generationen zu verteilen, wodurch man doch nur um ebensoviel später ans Ziel komme, was gleichbedeutend damit sei, die Opfer und Leiden um ebensoviel zu verlängern.

Leistungsfähigkeit der kommunistischen Motivation

Auf den schnelleren Fortschritt der kommunistischen Wirtschaft berufen die marxistischen Kritiker des Kapitalismus sich aber nicht nur, um die Antriebskraft des selbstnützigen kapitalistischen Gewinnstrebens als *entbehrlich* zu erweisen. Das genügt ihnen nicht; sie gehen einen Schritt weiter. In ihren Augen ist dieser schnellere Fortschritt der schlagende Beweis für die Überlegenheit *ihrer Motivation*, die sich dadurch als wirksamer erwiesen habe als die kapitalistische. Daß auch ohne die Antriebskraft des Gewinnstrebens große und größte Leistungen vollbracht werden können, ist in der Tat durch die überwältigende Aufbauleistung der sowjetischen und anderer kommunistischer Wirtschaften unwiderlegbar bewiesen. Daraus folgt jedoch noch keineswegs, daß diese schnellere Entwicklung der höheren Leistungsfähigkeit der kommunistischen *Motivation* zu verdanken ist; sie läßt sich vielmehr vollgültig auf *andere* Weise erklären. Ebenso wie im politischen Raum die Diktatur dem immer zeitraubenden demokratischen Verfahren an Schnelligkeit und Schlagkraft überlegen ist, kann auch eine zentral geleitete Kommando- oder *Sub*ordinationswirtschaft, solange die Verhältnisse noch einfach und die Ansprüche der Bevölkerung wenig differenziert sind und niedrig gehalten werden können, ihre Absichten viel schneller durchsetzen, entgegenstehende Hindernisse gründlicher und schneller ausräumen und so auch viel schneller ihre Ziele erreichen als eine „freie" Wirtschaft, d.h. eine solche, in der eine Vielzahl voneinander *un*abhängiger Entscheidungszentren besteht, deren Entscheidungen nur im *Ko*ordinationsweg auf eine gemeinsame Linie gebracht werden können. Für eine *höher*entwickelte Wirtschaft, und zwar um so mehr, wie die Ansprüche der Verbraucherschaft differenzierter werden, halten wir die freie Markt- oder Verkehrswirtschaft nicht nur für menschenwürdiger, sondern auch für effizienter; solange die Wirtschaft noch einfach ist und die Verbraucher sich mit der Befriedigung der Elementarbedürfnisse zufriedengeben, ist eine Zentralverwaltungswirtschaft der Markt- oder Verkehrswirtschaft (der Staatskapitalismus dem Privatkapitalismus) an Leistungsfähigkeit unbestreitbar überlegen. – Dazu kommt noch ein anderes. Heute wissen wir, wie hoch der Anteil des wissenschaftlichen und technischen Fortschritts am wirtschaftlichen Wachstum zu veranschlagen ist, und verstehen daher leicht, um wieviel schneller eine Wirtschaft wachsen kann, die den technischen Fortschritt bereits vorfindet und ihn von Anfang an auf breitester Grundlage anwenden kann, im Vergleich zu einer anderen, die sich diese Erkenntnisse und Fertigkeiten erst mit viel Mühe und Zeitaufwand erarbeiten muß und sie dann erst Schritt für Schritt in die Praxis umsetzen kann. Auch Japans gewiß nicht kommunistische Wirtschaft hat sich sehr viel schneller entwickelt und wächst heute noch merklich schneller als die Wirtschaft der schon seit viel längerer Zeit industrialisierten Länder. Den gleichen Vorteil konnten auch die kommunistischen Länder aus all dem ziehen, was sie von den fortgeschritteneren kapitalistischen Ländern nur zu übernehmen brauchten; offenbar haben sie es verstanden, diesen Vorteil zu nutzen.

Dahingestellt kann bleiben, ob ähnliche Erschwerungen, wie sie den kapitalistischen Ländern aus dem seinen Eigennutz auch auf Kosten des gemeinen Wohles verfolgenden unternehmerischen Gewinnstreben erwuchsen, den kommunistischen Ländern *erspart* geblieben sind; es kann aber kaum zweifelhaft sein, daß der Eigennutz der Menschen und vor allem der Machthaber auch bei ihnen, nur in anderen Erscheinungsformen, Kräfte nutzlos vergeudet hat. Die ständigen Klagen der politischen Führung der DDR über Mißwirtschaft in den VEB, die ständigen Appelle, Mißstände abzustellen, die ständigen Umstellungen der Programme, wodurch jedesmal erst die „echte“ oder die „richtige“ sozialistische Wirtschaftsweise eingeführt werden soll, sprechen da deutlich genug. Aus der Sowjetunion vernimmt man von Zeit zu Zeit immer wieder dasselbe; die Selbstkritik ist offenbar hart und ehrlich. – Daß der Eigennutz in der Gestalt des Bereicherungsstrebens kapitalistischer Unternehmer bei ihnen keinen Schaden anrichten kann, werden die Kommunisten selbst nicht auf das höhere *Ethos* ihres Systems, sondern auf ihre andersartige Wirtschaftsverfassung zurückführen, die von vornherein jede Gelegenheit abschneidet, sich auf diese Weise zu bereichern.

So lassen die Vorzüge und Nachteile der beiden Motivationen, der kapitalistischen und der kommunistischen, sich in der Tat ohne Bezugnahme auf die Wirtschaftsverfassung, innerhalb deren sie sich auswirken, gar nicht sachgemäß erörtern. Für das Profitstreben ist überhaupt nur Raum in einer mehr oder weniger freien Markt- oder Verkehrswirtschaft. So war es unvermeidlich, daß die Erörterung über die verschiedenen Motivationen hinüberglitt zur Frage nach den Vorzügen und Nachteilen der beiden idealtypischen Modelle der freien Markt- oder Verkehrswirtschaft einerseits und der Zentralverwaltungswirtschaft andererseits oder, wie wir das in der BRD nennen, zur Frage nach der „ordnungspolitischen Entscheidung".

III
Die Wirtschaftsverfassung

Für und wider den Kapitalismus nicht = „ordnungspolitische Entscheidung"

Nur allzuoft erliegen Freund und Feind des Kapitalismus dem Irrtum, den Streit um den Kapitalismus oder genauer den Gegenstand dieses Streites in eins zu setzen mit der ordnungspolitischen Entscheidung für freie Markt- oder Verkehrswirtschaft (hinfort kurz Marktwirtschaft) oder Zentralverwaltungswirtschaft. Vor allem die Vorkämpfer des Kapitalismus neigen dazu, ihn (die kapitalistische Wirtschaftsweise) und Marktwirtschaft gleichzusetzen mit der Folge, daß die Zentralverwaltungswirtschaft als die zu bekämpfende andere Alternative erscheint. – Unbestreitbar bestehen enge Beziehungen zwischen Kapitalismus und Marktwirtschaft; es trifft auch zu, daß eine *totale* Zentralverwaltungswirtschaft für private unternehmerische Initiative und damit für einen *Privat*kapitalismus keinen Raum läßt, so daß totale ZVW und Privatkapitalismus in der Tat einander ausschließen. Dagegen sind sowohl Sozialisierung ganzer Sektoren der Wirtschaft und deren Unterstellung unter zentrale staatliche Leitung als auch eine ausgesprochen dirigistische Wirtschaftspolitik für den Kapitalismus durchaus nicht unbedingt tödlich. Das alles findet sich in Frankreich beisammen; trotzdem kann kein Zweifel daran sein, daß der Kapitalismus sich in Frankreich ausgesprochen wohl fühlt und Frankreichs Wirtschaft nicht nur eine blühende, sondern – verglichen mit der unsrigen – trotz allem sogar immer noch eine *liberal*-kapitalitische Wirtschaft ist.

Sehr viel enger als die Beziehungen zwischen privatem Kapitalismus und Marktwirtschaft sind die Beziehungen zwischen Staatskapitalismus und ZVW. Ein reinrassiger Staatskapitalismus, wie ihn die kommunistischen Länder betreiben, kann bestenfalls etwas der Marktwirtschaft und ihrem Wettbewerb *ähnliches* zulassen (z. B. sogenannter „sozialistischer Wettbewerb").

Privatkapitalismus und Staatswirtschaft

Kapitalismus und Staatswirtschaft haben sich von jeher gut vertragen. In gewissem Sinne hat die Staatswirtschaft den Kapitalismus großgezogen, ist geradezu seine Nährmutter gewesen. Eine Textil*industrie* begann mit den Staatsaufträgen für Uniformen; die uniformierte Bekleidung der stehenden Heere ermöglichte erstmals Massenfertigung; das private Unternehmertum hat die damit verbundenen economies of scale zu nutzen verstanden. Heute ist es die zentralverwaltungsmäßig gelenkte *Rüstung* (also wiederum Staats*verbrauch!*), von der die großen kapitalistischen Unternehmen ihre Aufträge erhalten, an denen sie ihre großen Gewinne machen, und die mehr als alles andere dazu beiträgt, den technischen Fortschritt voranzutreiben. Alle Welt weiß, daß von privater Unternehmerseite nicht selten sogar mit verwerflichen und gemeingefährlichen Mitteln bis zur Verschärfung außenpolitischer Krisen auf *mehr* *und mehr* Rüstung gedrängt wird; schlagender läßt sich gar nicht beweisen, wie wenig der Kapitalismus sich von solcher Ausweitung der Staatswirtschaft beengt oder gar bedroht fühlt. Offenbar besteht auch kein Zweifel daran, daß die privatkapitalistische Rüstungsindustrie mühelos imstande ist, den hohen wissenschaftlichen und technischen Anforderungen heutiger Rüstung zu genügen; wenn ernstlich an ihre Verstaatlichung (Überführung aus dem privaten in den Staatskapitalismus) gedacht wird, so nicht, weil privater Kapitalismus und die, wirtschaftlich gesehen, *un*produktive Rüstung sich nicht miteinander vertrügen, sondern weil die enge Verbindung der privaten Rüstungsindustrie mit dem Staat und der daraus erwachsende Einfluß ihrer Profitinteressen auf den Staat in steigendem Maß Bedenken erwekken.

Wenn selbst großer und größter staatlicher Verbrauch wie die Rüstung den Kapitalismus nicht beengt, sondern ihn alimentiert, dann trifft dasselbe erst recht zu auf den heute sich stark ausweitenden *ökonomisch sinnvollen* Teil der Staatswirtschaft, der es mit der *Infrastruktur* zu tun hat. Zentralverwaltungsmäßig gelenkte staatliche oder andere öffentliche Infrastrukturinvestitionen bedeuten nicht nur Aufträge für die privatkapitalistische Wirtschaft, sondern werden in immer größerem Ausmaß zur unentbehrlichen Voraussetzung und Ergänzung der privaten unternehmerischen Investitionen, ja des Funktionierens der Wirtschaft überhaupt und damit auch der privatkapitalistisch betriebenen Wirtschaftszweige. So ist, um nur ein Beispiel zu nennen, die privatkapitalistische Automobilindustrie durchaus nicht gegen vermehrten öffentlichen Straßenbau, sondern im höchsten Grade an ihm interessiert. Ganz allgemein kann gesagt werden: Die ins Unerträgliche gestiegene und weiter steigende Verschmutzung und Zerstörung unserer Umwelt läßt sich nur hintanhalten und erst recht nach Kräften wieder gutmachen durch immer mehr und immer kostspieligere Maßnahmen, die, um wirksam zu sein, zentralverwaltungsmäßig geplant und zum Teil mit obrigkeitlichem Zwang durchgesetzt werden müssen, und die als sogenannte öffentliche Güter nicht über den Markt vertrieben und daher auch nicht marktwirtschaftlich erstellt, d.h. finanziert werden können. Das führt unvermeidlich dazu, daß der Anteil der öffentlichen Wirtschaft zunimmt und der Anteil der privaten Wirtschaft schrumpft. Nichtsdestoweniger lehnt die privatkapitalistische Wirtschaft Maßnahmen dieser Art keineswegs ab, fordert sie vielmehr sogar nachdrücklichst, weil sie sich Vorteile für sich, Erleichterungen für ihr Funktionieren und Erhöhung ihrer Gewinnchancen davon verspricht; nur als Wettbewerberin im Kampf um Marktanteile ist ihr die öffentliche (staatskapitalistische) Wirtschaft natürlich unerwünscht.

Privater Kapitalismus und staatliche Wirtschaftspolitik

Die privatkapitalistische Wirtschaft *profitiert* aber nicht nur in hohem Maß von der zentralverwaltungsmäßig organisierten wirtschaftlichen Betätigung des Staates, sondern *stützt sich* auch in hohem Grade auf Maßnahmen der staatlichen Wirtschafts*politik*, darunter nicht wenige, die nicht nur der paläoliberalen, sondern auch der neoliberalen Konzeption der Marktwirtschaft strikt zuwiderlaufen und insgesamt ein ansehnliches Maß von *Dirigismus* ausmachen. Das gilt nicht nur von konjunkturpolitischen Maßnahmen, sondern, wie sich immer deutlicher abzeichnet, ebensosehr oder erst recht von der Strukturpolitik. (Kann man die meisten konjunkturpolitischen Maßnahmen bei einigermaßen weitherziger Auslegung noch als „marktkonform" gelten lassen, so sind strukturpolitische Maßnahmen sozusagen ex definitione *nicht* marktkonform, zielen sie doch gerade dahin, die Entwicklung in eine *andere* Richtung zu leiten als diejenige, die sie unter dem Einfluß der Marktkräfte nehmen würde, oder mindestens diese Entwicklung, um soziale Härten zu vermeiden oder doch zu lindern, das eine Mal zu verzögern, das andere Mal zu beschleunigen.

Für das, worum es hier geht, genügt es festzustellen: Um dem (Privat-)Kapitalismus Daseins- und Entfaltungsmöglichkeit zu geben, ist es keineswegs erforderlich, die Wirtschaft *insgesamt* im Sinne der ordnungspolitischen Entscheidung marktwirtschaftlich zu verfassen; dafür genügt es vollends, daß in einem einigermaßen beachtlichen *Teil* der Wirtschaft die Freiheit markt- oder verkehrswirtschaftlicher Betätigung („Privatautonomie") besteht. Mehr noch: die privatkapitalistische Wirtschaft *bedarf*, um funktionsfähig zu sein, der Ergänzung durch andere, zentralverwaltungsmäßig verfaßte Teile der Wirtschaft. So läßt sich beispielsweise das für sie unentbehrliche Geldwesen, die Versorgung mit Zahlungsmitteln, mindestens seitdem es eine fiduziarische Währung gibt, nicht anders als zentralverwaltungswirtschaftlich organisieren. Überdies lehrt gerade die neuere Erfahrung, daß es bei weitem *nicht genügt*, den Kapitalismus durch Verbote und wirtschaftspolizeiliche Mittel daran zu hindern, durch Aufhebung des Wettbewerbs sich selbst umzubringen. Um funktionsfähig zu bleiben, bedarf er – jedenfalls auf seiner heutigen Entwicklungsstufe – der *Führung*, um nicht zu sagen der *Zügelung* durch eine Vielfalt immer weiter ausgebauter und verfeinerter wirtschaftspolitischer Maßnahmen, darunter auch solcher dirigistischen Charakters. Sogenannte Maßnahmen der leichten Hand werden nicht immer ausreichen; immer wieder werden auch Maßnahmen der schweren Hand sich als unentbehrlich erweisen. Ohne diese ständige Korrektur und Stütze kommt die private kapitalistische Wirtschaft von heute nicht mehr aus; so ist aus der einstigen Gegensätzlichkeit von Kapitalismus und Zentralverwaltungswirtschaft, falls oder insoweit sie je bestanden hat, längst ein positives Ergänzungsverhältnis geworden; Kapitalismus und Zentralverwaltungswirtschaft leben in positiver „Koexistenz". Das schließt nicht aus, die heute bestehende „Koexistenz als so unbefriedigend anzusehen, daß man an ihr verzweifeln möchte. Dieser Versuchung dürfen wir nicht erliegen, dürfen nicht resignieren, müssen vielmehr alles daransetzen, um zu einer für alle Beteiligten befriedigenden Synthese, zu einer echten *„Kooperation"* zu gelangen.

Nichtkapitalistische Marktwirtschaft

Unvereinbar sind *nur* totale ZVW und (privater) Kapitalismus; auf der anderen Seite aber besagt selbst totale Markt- oder Verkehrswirtschaft noch nicht unbedingt notwendig *kapitalistische* Wirtschaftsweise; eine freie Markt- oder Verkehrswirtschaft kann man sich auch *ohne* Kapitalismus vorstellen. Aus der geschichtlichen *Erfahrung* kennen wie diese Art von Wirtschaft allerdings nur in der kapitalistischen Form, wenn auch mit verhältnismäßig nicht sehr bedeutenden *Einsprengseln* nichtkapitalistischer Art, wie freigemeinwirtschaftliche Unternehmen, die nur Kostendeckung anstreben oder ihre Leistungen unentgeltlich abgeben und durch Zuschüsse erhalten werden. In gewissem Sinn verstehen sich alle streng *hilfs*wirtschaftlichen Unternehmen genossenschaftlicher Art, darunter auch die an Zahl und Gewicht wenig bedeutsamen Produktivgenossenschaften, als solche Einsprengsel nichtkapitalistischer Art in einer kapitalistischen Markt- oder Verkehrswirtschaft. *Grundsätzlich* ließe die Marktwirtschaft sich durchaus auch in nichtkapitalistischer Weise betreiben. So sind auch, von dieser Seite her gesehen, Kapitalismus und freie Markt- oder Verkehrswirtschaft keine auswechselbaren Begriffe. Kapitalismus ist nur *eine* mögliche, nicht *die einzig* mögliche Spielart der Markt- oder Verkehrswirtschaft; anders ausgedrückt: Kapitalismus ist der *engere*, freie Markt- oder Verkehrswirtschaft der *weitere* Begriff.

Deutlich zwischen Kapitalismus und Marktwirtschaft zu unterscheiden ist vor allem deswegen wichtig, weil Ineinssetzung beider den Zugang zum Verständnis der Haltung unserer *Gewerkschaften* verbaut. Wie eh und je lehnen unsere Gewerkschaften den „Kapitalismus", gleichviel was genau sie darunter verstehen, mit Entschiedenheit und Abscheu ab und setzen sich dessen Überwindung oder Abschaffung zum (Fern- oder End-)Ziel; zugleich aber bekennen sie sich – mindestens heute – ebenso entschieden zur Marktwirtschaft. Das ist alles andere als eine leere Redensart und noch viel weniger widersprüchlich oder gar unehrlich – dies auch dann nicht, wenn sie beabsichtigen und offen erklären, einzelne *Bereiche* privater Wirtschaft in Gemeinwirtschaft überführen zu wollen, oder wenn sie fordern, das Instrumentarium der Konjunktur-, Struktur- und sonstigen Wirtschaftspolitik um weitere, darunter auch einige ausgesprochen dirigistische Instrumente zu bereichern. Was sie wollen, ist eine *wirklich freie*, jedoch nicht mehr kapitalistische Marktwirtschaft. (Die von neoliberaler Seite dafür geprägte, nicht sehr glückliche Bezeichnung „Marktwirtschaft von links", derzufolge die kapitalistische Variante „Marktwirtschaft von rechts" wäre, ist politisch-agitatorische Terminologie, die zur Klärung der Dinge nichts beiträgt.)

Gewerkschaften gegen Kapitalismus, aber für Marktwirtschaft

Unsere Gewerkschaften sind *nicht* der Meinung, daß sie, weil „nach dem Gesetz des Kapitalismus angetreten, auch nach diesem Gesetz weitermarschieren" müssen *(G. Briefs)*, aber sie sind sich – von einigen in ihre wissenschaftliche Institute eingedrungenen Intellektuellen abgesehen – vollkommen klar darüber, daß nur in einer *freien* Wirtschaft Raum für *freie* Gewerkschaften ist, und sind entschlossen, an ihr als an der unverzichtbaren Grundlage freiheitlicher Ordnung des gesamten, also auch des gesellschaftlichen und politischen Lebens, unbedingt festzuhalten. – Auf das Verhalten der Gewerkschaften im einzelnen, ob ihre diesbezügliche Politik immer konsequent ist, ob nicht in einzelnen Gewerkschaften unterschiedliche Tendenzen zu beobachten sind, auf das und vieles andere ist in diesem Zusammenhang nicht einzugehen; nicht die Gewerkschaften sind ja hier Thema, sondern der Kapitalismus. Aber um sich den Zugang zum Verständnis der Haltung unserer Gewerkschaften nicht zu verbauen und erst recht, um ihnen gegenüber eine unvoreingenommene Haltung einnehmen zu können, ist es unerläßlich, Kapitalismus und Marktwirtschaft sauber zu unterscheiden und auseinanderzuhalten. Mit dem Versuch, den Kapitalismus dadurch zu verteidigen, daß man die Marktwirtschaft als der Zentralverwaltungswirtschaft überlegen erweist, würden man bei den Gewerkschaften offene Türen einrennen, zugleich aber seine Unwissenheit bloßstellen; wer es unternähme, die Marktwirtschaft zu verteidigen, dabei aber den Kapitalismus, d.i. die Wirtschaftsweise, bei der die Kapitalinteressen dominieren, *meinte*, der liefe Gefahr, daß sein Roßtäuschertrick durchschaut würde und er jede Glaubwürdigkeit verlöre.

Konkurrenz-Kapitalismus von dazumal

Wenn der heute nur noch in den *Lehrbüchern* fortlebende liberalindividualistische Konkurrenz-Kapitalismus von dazumal sich selbst mit der Marktwirtschaft identifizierte, so konnte er sich immerhin rühmen, er habe diese in hoher Reinheit verwirklicht. Heute wissen wir, daß das von ihm absolut gesetzte Wettbewerbsprinzip zu seiner Selbstaufhebung führen mußte, insoweit hat die Marxsche Konzentrationstheorie sich als zutreffend erwiesen. Für uns Heutige ist dieser Konkurrenz-Kapitalismus eine historische Reminiszenz; die an ihm – gerade auch wegen seiner katastrophalen sozialen Folgen – zu übende Kritik mag in Entwicklungsländern, wo die kapitalistische Wirtschaft erst heute Fuß zu fassen beginnt, noch aktuell sein; wir haben es – was dies angeht – nicht mehr mit dem „manchesterlichen", sondern mit einem „sozial temperierten" Kapitalismus zu tun; die auch bei uns immer noch vorkommenden Rückfälle ins Manchestertum sind anachronistisch, was nicht besagt, daß sie weniger, sondern daß sie um so entschiedener zu bekämpfen sind.

Konzern- und Kartell-Kapitalismus („Monopol-Kapitalismus") von heute

Was heute als *Realität* vor uns steht, ist der Konzern- und Kartell-Kapitalismus oder kürzer Monopol-Kapitalismus, wie namentlich seine Gegner ihn zu nennen pflegen; ob ihm die Bezeichnung „Spät-Kapitalismus" zukommt, sollte man den Historikern des 21. oder 22. Jahrhunderts zu entscheiden überlassen. – Auch dieser heutige Kapitalismus identifiziert sich ideologisch mit der Marktwirtschaft und ihrem Wettbewerbsprinzip, aber die Tatsachen strafen diese Ideologie *Lügen*. Den unwiderlegbaren Beweis dafür erbringt der unnachgiebige Widerstand, den die sogenannte „Wirtschaft", d.i. das Unternehmertum und die vorwiegend von den großen Unternehmen beherrschten und deren Interessen vertretenden Wirtschaftsverbände, gegen alle gesetzlichen Maßnahmen leisten, die darauf abzielen, *Beschränkungen* des Wettbewerbs zu unterbinden. Ihrer inneren Logik nach kann eine freie Markt- oder Verkehrswirtschaft nur eine *wettbewerbliche* Wirtschaft sein und wäre demzufolge auch rechtlich in einer Weise zu verfassen, die das Funktionieren des Leistungswettbewerbs so gut wie möglich sichert und sowohl seine Selbstaufhebung als auch seine Außerkraftsetzung durch Mißbrauch der Vertragsfreiheit wirksam unterbindet. Wenn ein Gesetz, das in diesem Sinn den Namen eines Grund- oder Verfassungsgesetzes der Marktwirtschaft verdienen würde, gegen den Widerstand *der* „Wirtschaft" nur in jämmerlich verstümmeltem Zustand politisch durchzubringen war, und jeder Versuch, das Gesetz zu verschärfen, auf erneuten härtesten Widerstand stößt, so besagt das nichts anderes, als daß unser heutiger Konzern- und Kartell-Kapitalismus sich nicht einmal vom Gesetzgeber zu dem *zwingen* lassen will, was zu sein er ideologisch vorgibt.

Da jede Wirtschaft, um überhaupt funktionieren zu können, der Stütze durch die Rechtsordnung und durch die diese Rechtsordnung wahrende Macht des Staates bedarf (auch der extremste Manchester-Liberalismus erkennt die „Nachtwächterrolle" des Staates als unentbehrlich an), kann auch der kapitalistischen Wirtschaft nicht zum Vorwurf gemacht werden, daß sie diese Stützen in Anspruch nimmt. Etwas anderes ist es, wenn sie es darauf ablegt, Lasten, die sie zu tragen hat, auf andere, auf die „Steuerzahler", abzuwälzen; dahin gehört unter anderem die sogenannte „Sozialisierung der Verluste". Daß die Gegner – aber nicht nur sie – das mit der Gegenforderung beantworten, umgekehrt gerade die ertragstärksten Unternehmen in Gemeineigentum zu überführen, kann nicht wundernehmen. Auch daß die Art und Weise, wie die kapitalistische Wirtschaft sich angewöhnt hat, in jeder Verlegenheit beim Staat Zuflucht zu suchen und nach Staatshilfe zu schreien, als Zeichen von *Altersschwäche* gedeutet wird, kann nicht verwundern; insofern ist die Rede vom „Spätkapitalismus" nicht ganz unberechtigt.

„Stamokap"

Auch die bei den Jusos beliebte Rede vom „Stamokap" (Staats-Monopol-Kapitalismus) entbehrt *nicht völlig* der sachlichen Grundlage.

Ist aber der (Monopol-)Kapitalismus – das ist mit dem Kurzwort gemeint – wirklich darauf angewiesen, mangels anderer Krücken sich vom Staat seinen Fortbestand garantieren zu lassen?

Wenn der Kapitalismus, wie er von sich selbst behauptet, Vorzüge besitzt, die ihn jeder anderen Wirtschaftsweise überlegen machen, dann sollte sein Fortbestand in einer freiheitlich-demokratischen Gesellschaft dadurch gesichert sein, daß alle oder doch die große Mehrheit derer, die vernünftig denken und verantwortlich zu entscheiden haben (die ‚maior et sanior pars'), ihn gutheißen und seinen Fortbestand *wollen.* Gegen eine verschwindende, zu jeder Gewalttätigkeit entschlossene Minderheit bedarf die beste und überzeugendste Ordnung des polizeilichen und äußerstenfalls des militärischen Schutzes. Wenn dagegen ein Großteil des Staatsvolkes auf den von der Verfassung dafür vorgezeichneten Wegen eine Änderung der gesellschaftlichen und wirtschaftlichen Ordnung herbeizuführen strebt, dann sollte eine interessierte Minderheit den Einfluß, den sie auf Staatsorgane oder politische Instanzen (Parteien u.a.m.) auszuüben vermag, nicht dazu mißbrauchen, um mit Staatshilfe eine solche Umgestaltung zu verhindern oder auch nur hinauszuschieben.

In welchem Ausmaß oder Umfang solcher Mißbrauch tatsächlich vorkommt, ist schwer genau zu bestimmen. Daß bei politischen Wahlen der Versuch dazu unternommen wird, ist bekannt. Daß gerade sehr massive Versuche gelegentlich das Gegenteil des Bezweckten herbeiführen können, hat sich auch schon bei Bundestagswahlen erwiesen. Wenn, wie üblich, überhaupt bestritten wird, daß große Unternehmen oder deren Unternehmer „Macht" (politischen Einfluß) ausüben, so fragt man sich, ob das wirklich ernst gemeint sein kann oder was eine solche, die Unglaubwürdigkeit an der Stirne tragende Behauptung überhaupt soll. Solange wir eine kapitalistische Wirtschaft haben, d.h. das „Kapital" in der Wirtschaft tonangebend und führend ist, wird das Kapital auch über den Rahmen des einzelnen Unternehmens und über den Rahmen der Wirtschaft hinaus Einfluß ausüben und gegenteilige Einflüsse zurückdrängen (genau darin besteht Ausübung von „Macht"); sollte es jemals zu einer laboristischen Wirtschaft kommen, dann wird die „Arbeit", d.h. werden deren Repräsentanten ganz ebenso legitim und ebenso unvermeidlich solchen Einfluß ausüben. Daß derjenige, der in irgendeinem Sinn „Gewicht" hat, dieses sein Gewicht auch im gesellschaftlichen und politischen Raum geltend macht, ist so lange nicht zu beanstanden und ganz in der Ordnung, als er die verfassungsrechtlich und gesetzlich festgelegten Wege und Grenzen einhält; das gilt selbst dann noch, wenn es in zwar *selbst*nütziger, aber *nicht eigen*nütziger, t.i. *nicht* dem Wohl des Ganzen *ab*träglicher Weise geschieht.

Wollen die Jusos mit ihrem „Stamokap" nichts anderes zum Ausdruck bringen, als daß der von ihnen so genannte Monopolkapitalismus sich auf den Staat, auf dessen Rechtsordnung, aber auch auf seine wirtschaftlichen und wirtschaftspolitischen Maßnahmen *stützt*, so hätten sie nur ein neues Kurzwort erfunden für eine jedermann von jeher bekannte Tatsache. Keine Wirtschaft, ganz gleich, ob kapitalistisch oder nicht, kann diesen Rückhalt am Staat entbehren; in dem Maß, wie sie – aus welchen Gründen immer – komplizierter und diffiziler wird, steigt auch dieses Bedürfnis. Die Jusos behaupten aber *mehr;* in ihrem Sinn besagt „Stamokap", der Kapitalismus mißbrauche die staatliche Gewalt, und diese lasse sich von ihm dazu mißbrauchen, um entgegen dem mehrheitlichen Willen der Bevölkerung die bestehende gesellschaftliche und wirtschaftliche Ordnung aufrechtzuerhalten. Illegale Einflüsse der durch ihr Kapital mächtigen Kreise auf Staatsorgane und politische Parteien verhinderten, sie auf verfassungsmäßigem Wege abzuschaffen und durch eine andere zu ersetzen. Das Letztere kann – gleichviel welches der wirkliche Wille der Bevölkerung sein mag – schon allein deswegen nicht zutreffen, weil man dazu notwendig wissen müßte, was denn an die Stelle des Bestehenden treten soll. An einer Vorstellung davon, erst recht an einer einigermaßen deutlichen Vorstellung, die obendrein auch Aussicht hätte, die Zustimmung der Mehrheit der Stimmberechtigten zu finden, fehlt es aber bis zur Stunde nicht allein den Jusos, sondern allen, die nicht bereit sind, das Modell des Sowjet-Blocks oder Rot-Chinas unbesehen zu übernehmen. Sieht man ab von der in beschränktem Umfang schon verwirklichten und weiter auszubauenden wirtschaftlichen *Mitbestimmung*, die wirklich ein Stück aus dem Kapitalismus heraus- und über ihn hinausführt, so ist alles, was sonst an Vorschlägen vorliegt, typisch kapitalistischen Denkgewohnheiten verhaftet und bleibt *im* Kapitalismus stecken, leitet höchstens aus der privatkapitalistischen in eine weniger freiheitliche staatskapitalistische Ordnung hinüber. Wer kein aus dem Kapitalismus heraus- oder über ihn hinausführendes Modell anzubieten hat, der hat kein Recht, den Fortbestand der bestehenden Ordnung dem Treiben finsterer Mächte zuzuschreiben. Will „Stamokap" dieser Beschuldigung Ausdruck geben, dann ist diese nicht nur als unzutreffend, sondern als durchaus *ungerecht* zurückzuweisen.

Verfilzungen von Kapitalismus und Politik

Über Verfilzungen zwischen Kapital und Politik habenwir in allerjüngster Zeit äußerst bestürzende Erfahrungen gemacht. Daß jedoch der „Kapitalismus" sich bei uns entgegen dem mehrheitlichen Willen der Bevölkerung nur dank dem ihm staatlicherseits gewährten Rückhalt zu behaupten vermöge, trifft keineswegs zu.

Von den in Lateinamerika, aber auch in anderen Entwicklungsländern tätigen kapitalistischen Unternehmen und der hinter ihnen stehenden und sie stützenden Macht ihrer Heimatstaaten, in denen diesen Ländern der Kapitalismus sozusagen „in Person" vor Augen steht, war bereits gleich auf den ersten Seiten dieses Buches die Rede. Aber auch schon in Zeiten des schlichten Konkurrenz-Kapitalismus folgte sowohl der Handel der Flagge als auch umgekehrt die Flagge dem Handel. Und längst bevor es etwas den heutigen multinationalen Unternehmen und weltumspannenden Konzernen Vergleichbares gab, half der ‚big stick' der USA nach, um US-amerikanischen Firmen die Märkte von Ländern zu erschließen, die diese ihnen nicht aus freien Stücken öffneten. Heute weiß jedermann, wie unentwirrbar die Geschäftspolitik und die Geschäftsinteressen der großen Unternehmen und die staatliche Politik bis zur Entscheidung über Krieg und Frieden miteinander verflochten sind. Ein *Vor*spiel dafür waren seit Beginn des 17. Jahrhunderts die sogenannten Kolonialgesellschaften, an erster Stelle die East India Company, aus der 1858 das britische Dominion Indien und 1949 das heutige Indien hervorging, und zuletzt noch im 19. Jahrhundert der „Kongo-Staat", in Wirklichkeit ein privates kaufmännisches Unternehmen Leopolds II., Königs der Belgier, ‚Association Internationale du Congo', 1908 umgewandelt in die belgische Kolonie Kongo, heute Zaire. Ansonsten waren Probleme dieser Art und Größenordnung dem Zeitalter des Konkurrenz-Kapitalismus noch unbekannt; zu einer alltäglichen Erscheinung von weltumfassender politischer Bedeutung wuchsen sie sich erst aus mit dem Aufkommen und im Zeitalter des Konzern- und Kartell- oder Monopol-Kapitalismus.

Sind sie aber für *diesen* Kapitalismus, ja für den (privaten) Kapitalismus überhaupt „typisch"? In den *kommunistischen* Ländern sind die Beziehungen zwischen Staat und Wirtschaft noch viel enger, und im Zeitalter der Großtechnik und der großen Wirtschaftseinheiten (Unternehmenskomplexe) sind Verflechtungen von Wirtschaft und Politik wohl unvermeidlich; nur sind sie in privatkapitalistischen Ländern völlig anderer Art als in staatskapitalistischen oder kommunistischen Ländern. In letzteren sind auch die wirtschaftlichen Groß- und Größtgebilde restlos *abhängig* vom Staat oder von der den Staat beherrschenden Partei; in Ländern mit freier Wirtschaft und privatem Kapitalismus steht die wirtschaftliche Macht dem Staat so *un*abhängig gegenüber, daß es zu Konflikten zwischen bciden kommen kann und die Wirtschaftsmächte versuchen können, die Staatsmacht ihrem Willen und ihren Zielen *dienstbar* zu machen. Unter diesen Umständen ist es durchaus nicht ohne weiteres gesichert, daß die Staatsautorität sich gegenüber eigennützigen Interessen mächtiger Wirtschaftskolosse durchzusetzen vermag. Die Gefahr, die darin nicht nur für die sachliche Richtigkeit der Politik, sondern auch für die *Integrität* der Staatsführung, der politischen Parteien und des Beamtentums liegt, kann gar nicht überschätzt werden. Was da an horrenden Korruptionsfällen von Zeit zu Zeit an die Öffentlichkeit dringt, ist offenbar nur die „Spitze des Eisbergs". Ob die Zusammenfassung der ganzen politischen und ökonomischen Macht in den kommunistischen Staaten, die wir übrigens auch in hochindustrialisierten Ländern mit feudaler Herrschaftsstruktur, wie beispielsweise den Ölscheichtümern, antreffen, ein geringeres oder wegen mangelnder demokratischer Kontrolle ein noch größeres Übel ist, dürfte schwer zu entscheiden sein. – Sicher steht fest: der Kapitalismus von heute ist, wenn auch vielleicht nicht ganz im gleichen Grade wie der Kommunismus, nicht nur ein Oeconomicum und Sociologicum, sondern auch ein Politicum erster Ordnung.

In diesem Zusammenhang ist auch der von kommunistischer Seite in einer Mehrzahl von Varianten gegen den Kapitalismus erhobene Vorwurf des *Imperialismus* oder, wie es neuerdings auch heißt, des (Neo-) Kolonialismus zu prüfen. Dem Kapitalismus der fortgeschrittenen, politisch und militärisch starken Länder wird vorgeworfen, er *lebe von der Ausbeutung* der noch *vor*kapitalistischen Wirtschaft der schwächeren, bis vor kurzem noch als Kolonien beherrschten Länder; daraus wird die Voraussage abgeleitet, sobald aus diesen Ländern nichts mehr herauszuholen sei, werde der Kapitalismus unfehlbar zusammenbrechen. Schon in anderem Zusammenhang wurde darauf hingewiesen, daß unsere Arbeiter ihre Autos nicht den unterentwickelten Völkern abgenommen, sondern sie selbst gebaut haben; das allein sollte genügen, um zu erkennen, wie unsinnig diese Theorie ist, die völlig verkennt, daß steigender Wohlstand und wachsender Reichtum nicht dadurch geschaffen werden können, daß man den einen abnimmt, was sie haben, und sie dadurch ärmer macht, um das Abgenommene anderen zu geben und sie damit zu bereichern, oder in einem Wort: nicht durch andere Verteilung, sondern nur durch Schaffen neuer Werte. – Ob oder inwiefern der Kapitalismus als solcher mit Ausbeutung *gleichzusetzen* oder als ausbeuterisch im ethischen oder juridischen Sinn zu verurteilen ist, soll noch an anderer Stelle zur Sprache kommen. Hier im Zusammenhang mit der Anklage auf Imperialismus oder (Neo-) Kolonialismus ist nur auf die angebliche oder wirkliche Ausbeutung unterentwickelter Länder im ökonomisch-materiellen Sinn einzugehen.

Doppelsinn von „Ausbeutung"

An dieser Stelle macht uns eine schlimme Begriffsmengerei zu schaffen. Ganz abgesehen von der Belastung, die dem Wort „Ausbeutung" seit Marx anhaftet und immer irgendwie in unserem Bewußtsein anklingt, sprechen wir von Ausbeutung in zweifachem Sinn. Zunächst im rein *technologischen* Sinn von *nutzen* oder *nutzbar machen* (gleich dem französischen völlig wertneutralen ‚exploiter'). Dazu kommt aber jedenfalls dann, wenn es sich um die Nutzbarmachung von Naturschätzen oder Lagerstätten wie Steinbrüchen, Bergwerken und dgl. mehr handelt, der *ökonomisch* relevante Nebensinn, daß dadurch die immer nur begrenzt vorhandenen Vorräte *ab*gebaut und zu guter Letzt *auf*gebraucht werden. Aber *ohne* diese „Ausbeutung" sind diese Vorräte *wertlos;* erst durch die Aufschließung und nachfolgende Ausbeutung erlangen sie ökonomische Bedeutung oder Wert für uns. Da dies in der Natur der Sache liegt, gilt es auch dann, wenn „Kapitalisten" mit Hilfe der überlegenen finanziellen und technischen Mittel, über die sie verfügen, die Bodenschätze eines unterentwickelten Landes erschließen und die erschlossenen „ausbeuten". War das Land selbst zur Erschließung und Ausbeutung nicht imstande, dann erlangen seine Bodenschätze überhaupt erst dadurch, daß Ausländer sie erschließen, ökonomische Bedeutung oder Wert; in dem Maße allerdings, in dem sie abgebaut und schließlich aufgebraucht werden, verliert das Land die *Chance*, später einmal, nachdem es dazu fähig geworden sein wird, diese seine Bodenschätze *selbst* „auszubeuten". Die „Kapitalisten", die ihre überlegene Technik ins Land brachten, erschlossen ihm erstmals diese Chance; in dem Maße, wie sie die Lagerstätten abbauen, schmälern oder entziehen sie sie ihm wieder; in dem Regelfall, daß ihm Chancen verbleiben, die es später einmal selbst wird nutzen können, ist das unterentwickelte Land nicht nur nicht geschädigt, sondern sogar *bereichert*. Anders ist zu urteilen, wenn die ausländischen kapitalistischen Unternehmen nicht nur neue, bisher unbekannte technische Verfahrensweisen in das Land einführen, sondern im Zusammenhang damit dessen soziale Struktur in Unordnung bringen und die kulturellen, ethischen und religiösen Überlieferungen erschüttern oder gar zerstören. Auf dem sozialen und kulturellen Gebiet – von unbefugten politischen Eingriffen ganz zu schweigen – haben die kapitalistischen Unternehmen und die Regierungen der fortgeschrittenen Länder, aus denen sie kamen und die sich hinter sie stellten, ohne Zweifel sich schwere Verfehlungen zuschulden kommen lassen. *Das* kann man mit Fug und Recht als „Imperialismus" oder („Neo-) Kolonialismus" brandmarken, aber, so scharfe Verurteilung das auch verdient, für das, was diese Doktrin behauptet, beweist es nichts.

Ausbeutung durch Verlagerung der Gewinne?

Auch die Rechnungen, die da aufgemacht zu werden pflegen, beweisen nichts. Das fremde kapitalistische Unternehmen habe – so heißt es – so viel Mio $ an Investitionen ins Land gebracht, aber ein Mehrfaches an Mio $ als Gewinn daraus abgezogen; um so viel sei seine Zahlungsbilanz belastet und das Land ärmer gemacht worden. Das stimmt einfach nicht. *Ins Land* gebracht wurden nicht Zahlungsmittel, sondern der technische Produktionsapparat im Werte von so viel $; um ihn – auch wenn er fremdes Eigentum bleibt – ist das Land, wirtschaftlich gesehen, *bereichert*. *Aus* dem Land gebracht wurden gleichfalls keine Zahlungsmittel, sondern die bis dahin der Bevölkerung des Landes vielleicht noch nicht einmal bekannten, auf jeden Fall aber ihr nicht zugänglichen und daher für sie wertlosen Bodenschätze; um diese und nur um sie ist das Land „ärmer" geworden. Die den ins Land eingebrachten Investitionen gegenübergestellten Gewinne stammen aus den im Ausland aus dem Verkauf der exportierten Bodenschätze an ausländische Käufer erzielten *Verkaufserlösen*. Daß das Land an diesen Verkaufserlösen beteiligt sein möchte, daß es berechtigt ist, den Abbau seiner Bodenschätze nur gegen angemessene Beteiligung an diesen Erlösen zu gestatten, daß es auf die Dauer auch die Investitionen in sein Eigentum zu überführen wünscht und befugt ist, dies gegebenenfalls auch gegen den Willen der Investoren zu tun und sie unter billigen Bedingungen zu „nationalisieren", dürfte einleuchten und ist *völkerrechtlich unbestritten*. Wenn die Unternehmen – vielfach von den Regierungen ihrer Herkunftsländer unterstützt – sich Vorschlägen zu einer vernünftigen und billigen Regelung widersetzen, lassen die davon betroffenen Länder sich leicht zu brutalen Maßnahmen hinreißen, die sehr wohl zu verstehen sind, nichtsdestoweniger aber nicht gebilligt werden können.

Ausbeutung der Arbeitskräfte?

Schwieriger zu beurteilen ist die „Ausbeutung" der Arbeitskräfte dieser Länder. Da hier nicht die ethische oder juridische, sondern nur die ökonomisch-materielle Seite in Frage steht, wird es genügen zu sagen: Soweit kapitalistische Unternehmen industriell hochentwickelter Länder an ihren im unterentwickelten Land *standortgebundenen* Investitionen ebendort angeworbene Arbeitskräfte beschäftigen oder, wenn sie, weil ihr heimischer Arbeitsmarkt „ausgetrocknet" ist, Fertigungsstätten in unterentwickelte Länder verlegen und dort sich anbietende Arbeitskräfte einstellen, dann tragen diese Arbeitskräfte unstreitig durch ihre Arbeit zur Wertschöpfung und damit zum Gewinn dieser Unternehmen bei. Die Löhne dieser Arbeitskräfte werden, *absolut* gesehen, niedriger sein als die in hochindustrialisierten Ländern üblichen Löhne; ob sie im *Verhältnis* zur Leistung niedriger liegen, wird sich genau nicht ermitteln lassen, dürfte aber wohl die Regel sein. Aber selbst bei niedriger Entlohnung hat das unterentwickelte Land davon immer noch mehr Vorteil als Nachteil. Wenn arbeitsfähige und arbeitswillige Menschen, die andernfalls keine vernünftige Arbeitsgelegenheit finden, in einigermaßen nützliche Beschäftigung gebracht und einigermaßen ihrer Leistung entsprechend entlohnt werden, ist damit ihnen selbst und ihrem Land ein Dienst erwiesen; sie haben nichts verloren, wenn auch vielleicht nur ganz wenig gewonnen. Etwas anderes ist es, wenn diese Arbeitskräfte – wie dies leider häufig vorkommt – vermeidbaren Gefahren für Gesundheit und Leben ausgesetzt, übermäßig strapaziert und auf diese Weise vorzeitig verschlissen, wenn sie in ihrer Menschenwürde, die weiblichen Arbeitskräfte in ihrer Frauenwürde verletzt werden. Das ist eindeutig verdammenswerter Imperialismus oder Neokolonialismus. Dagegen sind, um den Kapitalismus im voll- oder überbeschäftigten Industrieland lebensfähig zu erhalten, weder diese in unterentwickelte Länder verlegten Fertigungsstätten noch die Heranziehung der dort beschäftigten Arbeitskräfte und noch viel weniger deren schändliche Ausnutzung crforderlich; solange Voll- oder Überbeschäftigung besteht, bedarf der Kapitalismus der hochentwickelten keiner Bluttransfusion aus unterentwickelten Ländern, um sich am Leben zu erhalten.

Bei Voll- oder Überbeschäftigung Arbeitskräfte aus unterentwickelten Ländern herbeiziehen, um sie, sobald man sie nicht mehr braucht, wieder abzuschieben, heißt deren Menschenwürde schamlos mißachten und sie zu bloßen Objekten der Ausbeutung herabstufen, schädigt aber deren Heimatländer nicht, kommt ihnen vielmehr auf mannigfaltige Weise zustatten. Umgekehrt, wenn im kapitalistisch hochentwickelten Land Arbeits*losigkeit* herrscht, Arbeitstätten in den sogenannten Niedriglohnländern schaffen und Arbeit dahin hinausverlagern, um dort billiger produzieren, ist nicht, wie ihm manchmal nachgesagt wird, Export von Arbeitslosigkeit dorthin, geht vielmehr ganz zu Lasten derer, die im *eigenen* Land Arbeitsgelegenheit suchen, hat also mit Imperialismus und (Neo-)Kolonialismus nichts zu tun.

Ausbeutung im Warenaustausch

Ein dunkles Kapitel steht allerdings noch aus: der *Warenaustausch* zwischen industriell hochentwickelten und unterentwickelten Ländern. Aus einer Vielzahl von Gründen befinden sich hier die letzteren, namentlich insoweit sie nur Rohstoffe und Rohprodukte anzubieten haben, und erst recht, soweit es sich um Monokulturen mit stark schwankenden Ernteerträgen handelt, gegenüber den Industrieländern mit ihrem vielseitigeren und sehr viel anpassungsfähigeren Angebot in stark benachteiligter Lage. Läßt man die Dinge laufen und erst recht, wenn man rücksichtslos das Recht des Stärkeren gelten läßt, dann führt das zu für sie sehr ungünstigen Tauschverhältnissen. Zwar gibt es Ausnahmefälle; ein schlagendes Beispiel dafür sind in jüngster Zeit die arabischen Ölländer, die sich wenigstens einige Jahre lang ein Verhalten leisten konnten, das an rücksichtsloser Ausnutzung von Marktmacht keinem kapitalistischen Unternehmer nachstand. – Ganz allgemein besteht am Weltmarkt ein sehr bedenkliches Ungleichgewicht; die fortgeschrittenen, unter ihnen zwar nicht allein, aber doch an erster Stelle die kapitalistischen Industrieländer, sind die starke, die zurückgebliebenen Länder die beklagenswert schwache Marktpartei. Daß hier Abhilfe not tut, ist unbestritten; sehr umstritten ist allerdings, wie sich hier abhelfen ließe. – Unter dem hier maßgeblichen Gesichtspunkt des Imperialismus oder Neokolonialismus ist dazu nur zu sagen: die an dieser Stelle unbestreitbar vorliegende Ausbeutung der unterentwickelten zugunsten der fortgeschrittenen kapitalistischen Länder subventioniert den Kapitalismus nicht; sie bedeutet keine Transfusion frischen Blutes in seinen vermeintlich altersschwachen oder morschen Körper; im Gegenteil: die für die unterentwickelten Länder ungünstigen Austauschverhältnisse zwischen dem, was sie an Ausfuhrgütern zu bieten haben, und dem, was sie, um wirtschaftlich aufsteigen zu können, an Einfuhrgütern aus den industriell fortgeschrittenen Ländern benötigen, *gefährden* – zwar nicht ökonomisch, wohl aber politisch – den Fortbestand des Kapitalismus ganz ernstlich. Wenn er überleben will, dann hat er nichts Dringenderes zu tun als *diese* Ausbeutung der unterentwickelten Länder *abzustellen* und ihnen zu helfen, möglichst bald *gleichwertige* Geschäftspartner für ihn, d.h. für die hochentwickelten kapitalistischen Länder, zu werden. Auch um ihrer *Ausfuhr* willen können die hochindustrialisierten kapitalistischen Länder sich nur wünschen, daß die unterentwickelten ihren Rückstand so schnell wie möglich aufholen und leistungsfähige Konkurrenten (!) werden. Jeder Kaufmann weiß, daß man auf die Dauer nur an den verkaufen kann, der *Gegen*leistungen zu bieten hat; entsprechende Gegenleistung bieten kann nur der ungefähr gleich leistungsfähige.

Abschließende Würdigung

So mag man die Imperialismus- oder (Neo-)Kolonialismusdoktrin drehen und wenden, wie man will: immer ist das genaue Gegenteil dessen, was sie behauptet, richtig. Was sie speziell mit dem Kapitalismus zu tun hat und nicht gleicherweise für industriell fortgeschrittene kommunistische Länder, wie beispielsweise die Sowjetunion gelten soll, ist ohne tieferes Eindringen in Marxsche Lehren und Marxsche Terminologie, insbesondere was bei ihm unter „Ausbeutung" zu verstehen ist, nicht ersichtlich zu machen. Der Sache nach geht es nicht um das Verhältnis kapitalistischer zu *vor*kapitalistischen, sondern fortgeschrittener zu zurückgebliebenen Wirtschaften. Immerhin: wäre der Kapitalismus hellhörig gewesen, dann hätte die Imperialismus-Doktrin ihm einen äußerst wertvollen Dienst erweisen können; sie konnte ihn vor verhängnisvollen Fehlern *warnen*; in unverantwortlicher Voreingenommenheit und Selbstsicherheit ließ er diese ernste Warnung unbeachtet.

Termine für den Zusammenbruch

Nur ganz beiläufig sei hier vermerkt: Nicht nur die Marxisten und insbesondere die Imperialismus- oder Neokolonialismusdoktrin sagen immer wieder den Zusammenbruch des Kapitalismus voraus und setzen dafür immer wieder neue Termine an; dasselbe tut sonderbarerweise auch die kapitalistische Wirtschaft selbst. In jedem sozialen Fortschritt, der eingeführt werden soll, sieht sie, wie es scheint, nur eine *Belastung* für sich. Die produktive (leistungssteigernde und daher auch wirtschaftsfördernde) Seite der Sozial*leistungen* scheint ihrem Blick völlig zu entgehen; so weiß sie nur und spricht nur von Sozial*lasten*. Demzufolge wiederholt sie mit ermüdender Regelmäßigkeit die Abwehrbehauptung, durch die geplante sozialpolitische Maßnahme würde ihr eine *untragbare* Last aufgebürdet, unter der sie unfehlbar *zusammenbrechen* werde. Seit vor Jahrzehnten die Sozialpolitik begonnen hat, den manchesterliberalen Kapitalismus zum sozial temperierten Kapitalismus zu bändigen, bis zum heutigen Tag haben wir diese Behauptung hunderte Male gehört; nichtsdestoweniger hat die kapitalistische Wirtschaft bisher noch alles, was sie als untragbar bezeichnete, verkraftet und ist immer noch nicht tot, erweist sich vielmehr immer noch als durchaus lebenswillig und lebenskräftig. – Wenn beide Seiten nicht klüger werden, kann das Spiel mit den beiderseitigen Terminsetzungen für den mit Sicherheit bevorstehenden Zusammenbruch des Kapitalismus noch lange weitergehen.

Im Zusammenhang mit den Beziehungen zwischen Kapitalismus und Politik und mit den immer wieder hinausgeschobenen Terminen für die „Krise des Kapitalismus" muß wenigstens in Kürze noch auf die *Arbeitslosigkeit* eingegangen werden, die wir dank unserer überlegenen Wirtschaftspolitik endgültig überwunden zu haben vermeinten, die inzwischen aber zu einem Dauerzustand geworden ist, dem gegenüber unsere Wirtschaftspolitik sich in steigendem Grad als hilflos erweist. Steht hier der immer vertagte Zusammenbruch des Kapitalismus, seine endgültige „Krise", bevor?

Dazu ist gleich vorweg festzustellen, daß die Arbeitslosigkeit keineswegs eine Eigentümlichkeit der kapitalistischen Wirtschaftsweise, der Kapitalismus also keineswegs für die Arbeitslosigkeit besonders anfällig oder erst gar deren Ursache ist. Der beklagenswerte Zustand, daß arbeitsfähige und arbeitswillige Menschen ihre Arbeitskraft nicht nutzbar machen können, um durch ihre Arbeit ihren und ihrer Familien Lebensunterhalt zu beschaffen, ist in den Ländern der 3. und 4. Welt mit ihrer primitiven, nicht- oder vor-kapitalistischen Wirtschaft unvergleichlich viel weiter verbreitet als in der kapitalistischen Wirtschaft der fortgeschrittenen Länder.

Dem Kapitalismus eigentümlich ist nur die besondere Gestalt, in der die Arbeitslosigkeit bei uns auftritt, und was wir uns unter Arbeitslosigkeit vorstellen. Bei uns, die wir eine Arbeitnehmergesellschaft sind, besteht Arbeitslosigkeit darin, daß arbeitsfähige und arbeitswillige Menschen vergeblich nach Arbeitsgelegenheit als Arbeitnehmer im Lohnarbeitsverhältnis an von Arbeitgebern vorgehaltenen Arbeitsplätzen suchen, aber nicht finden. Dieses Lohnarbeitsverhältnis ist für die privatkapitalistische und die staatskapitalistische Wirtschaft gleicherweise typisch. Zwischen beiden besteht nur der Unterschied, daß der Staatskapitalismus in seiner Zentralverwaltungswirtschaft jederzeit alle seine Arbeitskräfte in Arbeitsplätze einweisen und so die Arbeitslosigkeit durch Scheinbeschäftigung unsichtbar machen kann. Das kann der Privatkapitalismus in seiner Marktwirtschaft nicht. In der Marktwirtschaft lassen sich begangene Fehler sowohl der staatlichen Politik als auch der Tarifpartner und der einzelnen Wirtschaftssubjekte (Unternehmen und Haushalte) und die dadurch verursachte Arbeitslosigkeit und deren Folgen mindestens auf die Dauer nicht unsichtbar machen und treten daher unvermeidbar offen zu Tage. Darum müssen in der Marktwirtschaft die Fehler soviel wie irgend möglich bereits im vorhinein vermieden werden.

Das ist unbestreitbar ein hoher Preis, um den die Vorzüge freier Berufswahl und freier Wahl des Arbeitsplatzes erkauft werden müssen; darin liegt aber zugleich auch ein überaus wirksamer Ansporn. Bleibt die Marktwirtschaft, bleiben insbesondere die Tarifpartner hinter den damit an sie gestellten Anforderungen zurück, dann besteht die Gefahr, daß die Menschen sich enttäuscht von dieser Marktwirtschaft abwenden, zunächst ein immer größeres Maß dirigistischer Eingriffe in sie einbauen und schließlich im Wege politischen Umsturzes die Zentralverwaltungswirtschaft einführen. Auch damit wäre recht verstanden nicht der (Privat-)Kapitalismus einer aus ihm eigentümlichen Mängeln oder gar inneren Widersprüchen entsprungenen „Krise" erlegen, sondern das Versagen derer, die für die Marktwirtschaft die Verantwortung tragen, hätte seinen Umschlag in den Staatskapitalismus mit seiner ZVW herbeigeführt.

Soviel zu den gewiß sehr komplexen Beziehungen zwischen Kapitalismus und Politik. – Der Versuchung, auf die aus dem vorstehend ausgeführten unmittelbar sich ergebenden Anwendungen auf die *Entwicklungshilfe* einzugehen, muß widerstanden werden; nicht sie ist hier Thema, sondern der Kapitalismus und die an ihm geübte oder zu übende Kritik.

Wachsende Entfernung zwischen Theorie und Realität

Die ganze am Kapitalismus als *Wirtschaftsweise* oder *Wirtschaftsordnung* geübte Kritik, die dagegen erhobenen Einwände, Vorbehalte, Vorwürfe und Anklagen treffen allesamt nicht eigentlich den Kapitalismus, sondern die stillschweigend als kapitalistisch vorgestellte freie Markt- oder Verkehrswirtschaft *überhaupt*. Das gilt vor allem von ihrer Anfälligkeit für Krisen (Wechsel zwischen Hochkonjunktur und Depression, Voll- oder Überbeschäftigung und Arbeitslosigkeit) mit allem, was damit zusammenhängt. In einem Wort zusammengefaßt: das *Versagen* der Automatismen, die nach richtig oder falsch verstandener ökonomischer Theorie die für die Marktwirtschaft typische *Ko*ordination bewerkstelligen und damit die *Sub*ordination der Zentralverwaltungswirtschaft entbehrlich machen sollen. Diese ganze wissenschaftlich hochentwickelte und ebenso hochinteressante Diskussion um die Modelle der nationalökonomischen Theorie (von Hans Albert nicht ganz zu Recht, aber auch nicht ganz zu Unrecht als „Modell-Platonismus" verspöttelt) gehört daher *nicht* hierhin; auf sie muß, wenn man, wie es hier beabsichtigt ist, streng beim Thema bleiben will, verzichtet werden. Zwei Hinweise aber erscheinen geboten:

1. Während die Diskussion in Fachkreisen sich auf einer für Nichtfachgenossen kaum verständlichen Höhe der Abstraktion bewegt, entfernt die Wirtschaft der Gegenwart infolge der ins Riesenhafte sich auswachsenden Großtechnik und noch riesenhafterer Unternehmenskomplexe sich von den modelltheoretischen Voraussetzungen immer weiter.
2. Die Sicherheit, mit der die praktisch-politisch engagierten Vorkämpfer vor allem der Marktwirtschaft, nicht ganz im gleichen Grade jedoch auch der Zentralverwaltungswirtschaft, für die von ihnen befürwortete „ordnungspolitische Entscheidung" eintreten, pflegt im umgekehrten Verhältnis zu stehen zur Beweiskraft ihrer Argumente; der wissenschaftlich geschulte Ökonom weiß, mit wie viel „Wenn" und „Aber" er jede Aussage zu Fragen dieser Art verklausulieren muß, wenn er ehrlich sein und nicht mehr behaupten will, als er wirklich weiß.

Der wesentliche Streit um den Kapitalismus, und die Frage, um die es letzten Endes geht, ist jedoch nicht wirtschaftlicher oder wirtschaftsorganisatorischer, sondern gesellschaftlicher oder gesellschaftspolitischer Art; ihr ist nunmehr näherzutreten.

IV
Gesellschaftsordnung

Die Stellung des Arbeiters in der menschlichen Gesellschaft

Der Kapitalismus – so lautet die gegen ihn erhobene Anklage – versage dem arbeitenden Menschen die ihm gebührende Stellung in der menschlichen Gesellschaft; infolge der „Trennung des Arbeiters von den Produktionsmitteln" sehe dieser sich darauf verwiesen, im Lohnarbeitsverhältnis und damit in der „Lebenslage der abhängigen Arbeit" *für* den Kapitalisten zu arbeiten und sich selbst mit dem „Abfindungslohn" abspeisen zu lassen, der mehr oder weniger dazu ausreiche, um seine eigene Arbeitskraft einige Jahrzehnte lang zu erhalten und sie in seiner Nachkommenschaft für den Kapitalisten zu reproduzieren. So sei der Kapitalismus nichts anderes als das gesellschaftliche „System" zur *Ausbeutung* der großen Mehrheit der Besitzlosen (in der Marxschen Sprache der „Proletarier") durch die kleine Minderheit der Besitzenden (der „Kapitalisten"); die Gesellschaft selbst zerfalle in die beiden, in unaufhebbarem Gegensatz zueinander stehenden gesellschaftlichen Klassen, die herrschende Klasse der „Kapitalisten" und die unterdrückte und ausgebeutete Klasse der „Proletarier".

Damit sind die Stichworte genannt: Trennung des Arbeiters von den Produktionsmitteln, Lohnarbeitsverhältnis, Lebenslage der abhängigen Arbeit, Ausbeutung, die um den Arbeitsmarkt zentrierte kapitalistische Klassengesellschaft.

Technologisch bedingte Trennung

Am Anfang steht die Trennung des Arbeiters von den Produktionsmitteln. So allgemein verstanden, ist sie jedoch keine Eigentümlichkeit des Kapitalismus, sondern unvermeidlich immer dann gegeben, wenn die Wirtschaft nicht aus lauter Einmann-Betrieben oder Einmann-Unternehmen besteht. Sobald nicht mehr jeder einzelne nur an ihm zu eigen gehörenden Produktionsmitteln arbeitet, haben wir diese Trennung. In dem Maß, wie die Großtechnik voranschreitet und wir nicht bereit sind, auf deren Vorteile, auf die unvergleichlich größere Fülle von Gütern, deren wir uns dank ihrer erfreuen, zu verzichten, müssen wir die *technologisch* bedingte Trennung in den Kauf nehmen, d. h., es kann nicht mehr jeder einzelne wie der kleine Handwerker an seiner Hobelbank an seinem eigenen Produktionsmittel arbeiten; die großen technischen Anlagen, an denen eine Vielzahl von Arbeitskräften zusammenwirken muß, um sie in Betrieb zu setzen und in Betrieb zu halten, lassen sich nicht derart in Eigentumsanteile zerlegen, daß jeder einzelne an einem ihm zu eigen gehörenden Produktionsmittel arbeiten könnte; solche Anlagen müssen schon als Ganzes im Eigentum irgendwelcher physischen oder juristischen Personen stehen, günstigstenfalls im *gemeinsamen* Eigentum aller derer, die daran tätig sind.

Dem Kapitalismus eigentümlich ist also gar nicht die Trennung des Arbeiters von den Produktionsmitteln als solche; sie ist eine zwingende Folge der Arbeitsteilung namentlich in der Form der Großtechnik, der wir uns nur entziehen können, wenn wir bereit sind, auf deren Vorteile, ja in weitem Umfang auf die Vorteile der Arbeitsteilung überhaupt zu verzichten. Was wir dem Kapitalismus anlasten können, ist nur die besondere *Art* dieser Trennung, daß nämlich die Produktionsmittel, wenn auch nicht ausnahmslos, so doch zum sehr großen, wahrscheinlich sogar zum weitaus überwiegenden Teil sich in den Händen eines verhältnismäßig kleinen Kreises reicher Leute befinden, denen eine vielmals größere Zahl von Menschen gegenübersteht, die, von Produktionsmittelbesitz entblößt, darauf angewiesen sind, an den Produktionsmitteln dieser *anderen* Arbeitsgelegenheit zu finden, um durch ihre dort verrichtete Arbeit sich und ihre Familien zu erhalten. Dadurch hat die Minderheit der Produktionsmittelbesitzer es in der Hand, Arbeitsgelegenheit zu gewähren oder zu versagen, indem sie den Zutritt zu diesen Produktionsmitteln eröffnen oder sperren (darum die Angst vor der „Aussperrung" und der leidenschaftliche Kampf gegen deren rechtliche Zulässigkeit). Bei dieser Sachlage können die Produktionsmittelbesitzer die Gewährung von Arbeitsgelegenheit weitgehend von den ihnen gutdünkenden Bedingungen abhängig machen; tatsächlich wird sie fast ausschließlich im Lohnarbeitsverhältnis, d. i. in unselbständiger und abhängiger Arbeit *ohne* persönlichen Anteil am Erfolg der geleisteten Arbeit, gewährt. Eine Trennung des Arbeiters von den Produktionsmitteln in der Art, wie sie im Kapitalismus besteht, bedeutet daher für den weitaus größeren Teil der arbeitsfähigen und arbeitswilligen Menschen (in der BRD 86 v. H. der „Erwerbspersonen") den unausweichlichen Zwang zur „Lebenslage der abhängigen Arbeit".

Es ist also nicht die rechtliche Ordnung, nicht die Verfassung des Staates, der Gesellschaft oder der Wirtschaft, nicht irgendein „System", demzufolge die große Mehrheit sich in die Lebenslage der abhängigen Arbeit schicken muß, sondern die schlichte *Tatsache* der ungleichmäßigen Ausstattung mit Vermögen. Rechtlich wäre es ohne weiteres möglich, das Zusammenwirken von Kapital und Arbeit anstatt auf der Grundlage des Lohnarbeitsverhältnisses mit seinem Abfindungslohn in einer Form zu regeln, wonach beide nach einem bestimmten Schlüssel an der Wertschöpfung, dann allerdings auch am Wertverzehr des Unternehmens teilnähmen. Einigen sie sich auf einen vernünftigen Schlüssel, dann ist alles in bester Ordnung; stellt sich heraus, daß der vereinbarte Schlüssel zu unbilligen Ergebnissen führt, dann hat der eine Glück, der andere Mißgeschick gehabt, aber keinem ist Unrecht geschehen; für die Zukunft werden sie einen anderen Schlüssel vereinbaren oder, wenn sie zu keiner beide Teile befriedigenden Regelung kommen, die Gemeinschaft auflösen. Unter den heutigen Verhältnissen verfügen jedoch die allerwenigsten Arbeitsfähigen und Arbeitswilligen über ausreichende Reserven, um ein solches Wagnis einzugehen und gegebenenfalls auch einmal auf längere Zeit Verluste durchzustehen; sie *müssen* laufend ihren Lebensunterhalt erwerben und haben daher keine andere Wahl, als ins Lohnarbeitsverhältnis einzutreten, das ihnen ein festes Einkommen – vielleicht mit gewissen erfolgsbedingten Zutaten (‚fringes') garniert –, mit dem sie dann aber auch „abgefunden" sind. So gesehen, beruht die Machtüberlegenheit der Produktionsmittelbesitzer nicht auf rechtlichen Institutionen, insbesondere auch nicht auf ihrem Eigentum an Produktionsmitteln, sondern genau umgekehrt auf dem *Nicht*-Eigentum, der faktischen Eigentums*losigkeit* der *anderen*, der „von Produktionsmittelbesitz *entblößten* Nur-Lohn-Arbeiter". – Allenfalls bliebe noch die Frage, ob irgendwelche rechtliche Institutionen es verhindern oder übermäßig erschweren, diesen Zustand zu ändern, und ihn dadurch *tatsächlich* verfestigen?

Lohnarbeit als solche ausbeuterisch?

Bevor die Frage vertieft werden kann, ob das Verwiesensein auf das Lohnarbeitsverhältnis oder die Lebenslage der abhängigen Arbeit von den Betroffenen als soziale Härte empfunden wird und ob es real eine gesellschaftliche Deklassierung bedeutet („kapitalistische Klassengesellschaft"), ist auf die *wirtschaftliche* Seite des Lohnarbeitsverhältnisses einzugehen, insbesondere auf den gegen den Kapitalismus erhobenen Vorwurf, Lohnarbeit sei gleichbedeutend mit *Ausbeutung*.

Mit dem Wort „Ausbeutung" wird die Anklage erhoben, das der kapitalistischen Wirtschaftsweise zugrunde liegende Lohnarbeitsverhältnis verstoße gegen die Gerechtigkeit; *als* Lohnarbeiter erleide der arbeitende Mensch Unrecht; der „Kapitalist" eigne sich widerrechtlich an, was von Rechts wegen dem Arbeiter gebühre.

Um in dieser ethisch-juridischen Frage klarzusehen, bedarf es an erster Stelle klarer Sicht über das *Tatbestandliche*, d.h., wie denn in der kapitalistischen Wirtschaft das im Zusammenwirken von Kapital als instrumentalem und menschlicher Arbeit als personalem Produktionsfaktor Erwirtschaftete, m. a. W. der Gesamtertrag der Wirtschaft, sich auf diejenigen, die das Kapital und diejenigen, die ihre Arbeit einsetzen, tatsächlich aufteilt.

Unternehmen und Haushalte

Das läßt sich folgendermaßen klarmachen. In der Wirtschaft haben wir es zu tun mit Unternehmen und mit Haushalten; zwischen ihnen spielt das Wirtschaftsleben sich ab. Die große Mehrheit der Haushalte verfügt nur über Arbeitskräfte und entsendet *diese* in die Unternehmen; nur ein klein(er)er Teil der Haushalte verfügt überdies (oder auch ausschließlich) über Vermögen (Real- oder Formal-Kapital) und setzt *dieses* in den Unternehmen ein. Nur in den Unternehmen werden Güter erzeugt; in den Haushalten werden nur Güter gebraucht oder verbraucht. Die Güter sind Eigentum der Unternehmen, in denen sie erzeugt wurden; ein Teil davon wird an andere Unternehmen verkauft, der andere (größere) Teil an die Haushalte. Was an andere Unternehmen verkauft und was dafür an Erlösen erzielt wird, kreist ausschließlich im Produktionsprozeß und verbleibt *in* ihm; aus ihm *heraus* treten die von den Unternehmen gezahlten Löhne; sie fließen in die Haushalte, die den Unternehmen Arbeitskräfte zugeführt haben, und fließen als Verkaufserlöse für die an die Haushalte verkauften Güter wieder zu den Unternehmen *zurück*, womit ihr Kreislauf von neuem beginnen kann (das für die *erste* Lohnzahlung benötigte Geld muß durch „Geldschöpfung" bereitgestellt werden; in unserer Lebenszeit hat sich dies einmal ganz sinnfällig ereignet bei Einführung der neuen Währung am 20. 7. 1948)

Die Haushalte kaufen nun aber nicht die gesamten Erzeugnisse der Unternehmen, sondern nur das, was für sie brauchbar ist, das sind die *Verbrauchs- und Gebrauchsgüter;* die Güter, für die sie keine Verwendung haben, belassen sie den Unternehmen. Das aber sind die Güter, die vor allem unseren Reichtum ausmachen, nämlich die Sachausstattung unserer Wirtschaft mit immer mehr und immer leistungsfähigeren *Produktionsmitteln.*

Nehmen wir an, die Haushalte gäben das ganze in den Unternehmen als Lohn verdiente Geld für den Kauf von Verbrauchs- und Gebrauchsgütern aus, dann bleiben die erzeugten Produktionsmittel im Eigentum der Unternehmen und haben diesen *nichts gekostet;* diesen Teil dessen, was sie durch ihre Arbeit geschaffen haben, überlassen die Arbeitnehmer als für sie *un*interessant den Unternehmen. Da nun aber die Unternehmen jenem Kreis von Haushalten „gehören", die *Kapital* darin eingesetzt haben, d. i. den wohlhabenden oder reichen Leuten oder Familien, fällt der ganze sachliche Vermögenszuwachs, die ganze Vergrößerung und Verbesserung des Produktionsmittelapparats unserer Wirtschaft, *diesen* Haushalten, d. i. den „Kapitalisten", zu.

So unsere *Annahme.* Verhält es sich wirklich so, und wenn dies der Fall ist, *muß* es so sein? Müssen wirklich diejenigen Haushalte, die über kein Kapital verfügen und daher nur ihre Arbeitskräfte in die Unternehmen entsenden können, die *ganzen* Löhne bloß für die Verbrauchs- und Gebrauchsgüter verausgaben und damit als Verkaufserlöse wieder in die Kassen der Unternehmen zurückleiten? Und selbst wenn oder insoweit sie es „müssen", liegt das an einem bei uns bestehenden oder herrschenden

„System", oder hat das seinen Grund in bestimmten tatsächlichen Gegebenheiten, die nicht sein „müssen", sondern sehr wohl auch anders sein könnten, und denen daher, wenn man nur ernstlich will, auch ohne „Systemänderung" abgeholfen werden kann?

Schon die Ausgangslage, von der die hier angestellten Überlegungen ausgingen, läßt erkennen, daß hier von keinem unausweichlichen „Muß" die Rede sein kann. Keineswegs muß es so sein, daß die meisten Haushalte nur über Arbeitskräfte verfügen und nur eine Minderheit von Haushalten über Kapital; das ist nur tatsächlich so und könnte sehr wohl auch anders sein. In einer kommunistischen Gesellschaft gehört es zum „System", daß es *keine* Haushalte gibt, die über Kapital verfügen; dort haben ausnahmslos alle Haushalte nur Arbeitskräfte; in einer nicht-kommunistischen Gesellschaft können unbehindert die meisten und grundsätzlich sogar *alle* Haushalte über beides, d. i. sowohl über Arbeitskräfte als auch über mehr oder weniger Kapital verfügen. Ja, auch in unserer gegenwärtigen „kapitalistischen" Gesellschaft geben tatsächlich weitaus die meisten Haushalte *nicht die ganzen* von ihren Haushaltsangehörigen verdienten Löhne für Verbrauchs- und Gebrauchsgüter aus, sondern legen einen wenn auch nur kleinen *Teil* davon als Ersparnis zurück und stellen diese – meist ohne sich dessen bewußt zu sein – den Unternehmen als Leihkapital zur Verfügung.

Die Verteilung des Sozialprodukts

Wie verteilt sich bei *dieser* Lage der Dinge das im Zusammenwirken von Kapital und Arbeit insgesamt Erwirtschaftete auf die verschiedenen Haushalte? – Wenn wir davon absehen, daß außer den (privaten)

Haushalten auch noch der Staat (der „öffentliche Haushalt“) einen Teil davon in Anspruch nimmt, dann können wir sagen: Den Haushalten, die Kapital in den Unternehmen eingesetzt haben (den „Unterneh*mer*-Haushalten) fällt der gesamte Zuwachs an Produktivvermögen zu *abzüglich* der Vermögensbildung des „öffentlichen Haushalts“ und der *Ersparnisse* der anderen, d. i. der Nicht-Unterneh*mer*-Haushalte; diese letzteren *er*halten die erzeugten Verbrauchs- und Gebrauchsgüter *abzüglich* dessen, was (der Staat und) die Unternehmerhaushalte für ihren Verbrauch entnehmen, und *be*halten ihre *Ersparnisse.* (Der Posten Unternehmerverbrauch kann sehr aufdringlich und anstößig in Erscheinung treten; aufs Ganze gesehen, schlägt er nicht zu Buch.)

Demnach ist die entscheidende Frage diese: Welche Umstände bestimmen darüber

1. in welchem Verhältnis das Sozialprodukt sich in Produktionsmittel (Investivgüter) und in Verbrauchs- und Gebrauchsgegenstände (Konsumgüter) aufteilt;
2. welchen Teil ihrer Lohn- oder Gehaltsbezüge die Nicht-Unternehmer-Haushalte für Konsumgüter ausgeben (müssen) und wieviel davon sie zur Bildung von Ersparnissen erübrigen (können und wollen)?

Hier spielen Machtfaktoren und wirtschaftliche Gesetzmäßigkeiten in äußerst verwickelter Weise ineinander. Dieses höchst verwickelte und in ständigem Wandel befindliche Kräftespiel kann hier nicht analysiert werden. Viele Einzelfragen sind geklärt, aber auch unserer fortgeschrittensten Wirtschaftswissenschaft ist es bei weitem noch nicht gelungen, alle Zusammenhänge zu durchleuchten.

Auf ganz anderem Wege geht *K. Marx* diese unsere

Frage an. Er beschreibt das, was sich da abspielt, folgendermaßen. Der „Kapitalist“ läßt den Arbeiter länger arbeiten, als es notwendig ist, um das zu produzieren, was dieser für seinen Lebensunterhalt benötigt; an dem, was er darüber hinaus erarbeitet, *bereichert* sich der Kapitalist. So kann man es in der Tat beschreiben, und diese Beschreibung erscheint dem arbeitenden Menschen einleuchtend und überzeugend. Ohne weiteres leuchtet es ein, daß der Kapitalist, weil nur er über Produktionsmittel verfügt, der stärkere und der von Produktionsmittelbesitz entblößte Nur-Lohn-Arbeiter der schwächere ist. Nichtsdestoweniger folgt daraus noch längst nicht, daß der Kapitalist dem Arbeiter beliebig lange Arbeitszeit aufbürden kann oder der Arbeiter gezwungen ist, unbegrenzte Mehrarbeit zu leisten. Zum mindesten seitdem es Gewerkschaften gibt, hat sich erwiesen, daß sie durchaus in der Lage sind, fortschreitend Verkürzung der Arbeitszeit durchzusetzen; sie setzen sie tatsächlich durch; der Acht-Stunden-Tag, der einmal ein Fernziel war, ist schon längst kein Fernziel mehr, sondern ist weit *überholt!*

Vollkommen richtig an der Marxschen Beschreibung ist, daß es auf die (nominelle) *Höhe* des Lohnes *nicht* ankommt. Seine (*mikro*ökonomische) Beschreibung und unsere (m*a*kroökonomische) Analyse stimmen darin vollkommen überein, daß die Lohnhöhe oder Lohnsumme darin überhaupt *nicht vorkommen.* Ob Millionen oder Milliarden zwischen den Unternehmen und den Haushalten hin und her fließen, ist völlig belanglos; es kommt einzig und allein darauf an, ob sie *ganz* oder zu welchem *Teil* sie von den Haushalten wieder zu den Unternehmen *zurückfließen;* interessant ist *nur* die Differenz, d.i.

wieviel den Haushalten *verbleibt*. Fließen die ganzen von den Unternehmen ausgezahlten Löhne in Gestalt von Verkaufserlösen für Güter des Lebensbedarfs wieder zu den Unternehmen zurück? Oder sind die Nicht-Unternehmer-Haushalte (gewillt und) imstande, einen Teil davon zurückzubehalten, der denkmöglich äußerstenfalls dem Anteil der Investivgüter am Sozialprodukt gleichkommen könnte? In diesem äußersten, allerdings nur *denk*möglichen, d.h. in der Praxis günstigstenfalls nur näherungsweise erreichbaren Fall gäbe es überhaupt keinen Unternehmensgewinn („Profit") mehr, sondern das gesamte Sozialprodukt würde als Arbeitseinkommen ausgeschüttet. Der *entscheidende Umbruch* wäre mit dem Überschreiten der 50%-Schwelle erreicht, aber auch das ist heute – wie einstmals der 8-Stunden-Tag – noch ein *Fern*ziel. – Dies und nichts anderes ist der wirtschaftswissenschaftliche Dreh- und Kernpunkt der ganzen Erörterungen über „Vermögensbildung in Arbeitnehmerhand"; alles übrige ist ohne Erkenntniswert.

Doppelsinn des Vorwurfs

Die Verteilung der Einkommen und in deren Folge auch der Vermögen, wie sie sich vor unseren Augen abspielt, ist – das kann kein billig denkender Mensch bestreiten – in hohem Grade unbefriedigend. Damit allein ist aber noch nichts darüber ausgesagt, ob sie bloß unerfreulich und deswegen eine Änderung wünschenswert ist oder ob sie als *Ausbeutung* gebrandmarkt zu werden verdient und darum unbedingt abgestellt werden muß. Um dies entscheiden zu können, fehlt es noch an der erforderlichen Klarheit und muß daher zuerst noch eindeutig geklärt werden, was denn genau mit dem Vorwurf „Ausbeutung" *gemeint* ist und wohin er zielt. In den Ausführungen über Imperialismus und (Neo-)Kolonialismus war von Ausbeutung sehr verschiedener Art die Rede; *hier* geht es ausschließlich um die Ausbeutung des arbeitenden Menschen im Lohnarbeitsverhältnis. Zweierlei kann gemeint sein und muß sauber auseinandergehalten werden: *entweder* das Lohnarbeitsverhältnis setze den arbeitenden Menschen der Gefahr aus, ausgebeutet zu werden, und solche Ausbeutung finde tatsächlich in größerem oder geringerem Ausmaß statt, *oder* das Lohnarbeitsverhältnis als solches sei ausbeuterisch. Wer den Kapitalismus als ein „System" und das Lohnarbeitsverhältnis als dessen tragende Säule ansieht, wird es als schlechthin und in sich selbst als ausbeuterisch verwerfen; einen gerechten Lohn könnte es demnach schlechterdings *nicht* geben.

Äquivalenz?

Würde das Lohnarbeitsverhältnis sich im Austausch von Leistung und Gegenleistung *erschöpfen* (der Arbeitnehmer leistet ein Quantum Arbeit, als Gegenleistung entrichtet der Arbeitgeber einen Geldbetrag), dann ließe sich verhältnismäßig leicht die Entscheidung treffen: die Gerechtigkeit gebietet, daß Leistung und Gegenleistung einander *gleichwertig* sind (Äquivalenz-Prinzip). Ausbeutung des Arbeitnehmers liegt dann, aber auch *nur* dann vor, wenn die Gegenleistung, die er erhält, geringer, d.h. *weniger wert* ist als seine Leistung. So einfach sind die Dinge jedoch nicht.

Der Arbeitnehmer „liefert" nicht wie ein Verkäufer an den Käufer oder sendet gar wie ein Versandhaus die bestellte Ware dem Besteller einfach zu, sondern steht mit seiner Person im Betrieb des Arbeitgebers; er setzt seine Person ein; in seinem Einsatz, in dem, was er hergibt, steckt immer, sowohl bei der stumpfsinnigsten als auch bei der höchste geistige Anspannung fordernden Arbeit, etwas von ihm selbst; immer wird sein physisches und psychisches Dasein, sein Wohl- oder Übelbefinden mitbetroffen, in Mitleidenschaft gezogen. Ein Äquivalent *dafür* gibt es überhaupt nicht oder jedenfalls kein *materielles* Äquivalent. An dieser zentralen Stelle kommt daher die Frage nach Wahrung oder Verletzung der Äquivalenz überhaupt nicht zum Zuge; hier fehlt für Äquivalenz der Ansatzpunkt. Darum der Versuch der Wirtschafter und der Wirtschaftswissenschaftler, nicht das zu werten, was der arbeitende Mensch *hergibt* (was es ihm „kostet", sein Arbeitsleid, disutility of labor oder wie immer wir es nennen), sondern das, was er durch seine Arbeit *hervorbringt* oder was sie für den Arbeitgeber „wert" ist. In der arbeitsteiligen Wirtschaft wird nun aber alles socialiter produziert und gibt es daher das Erzeugnis oder Ergebnis der Arbeit des *einzelnen* überhaupt nicht, sondern steckt in jedem Erzeugnis oder Ergebnis die Arbeit mehrerer, oft unübersehbar vieler. Noch mehr: die Arbeitsanteile der einzelnen sind nicht nur verschieden groß, sondern verschieden*artig*. Infolgedessen gibt es keinen Schlüssel und kann es keinen geben, mit dessen Hilfe die Anteile der einzelnen sich zunächst einmal ermitteln und alsdann auch bewerten ließen. – Was die Arbeit des Arbeitnehmers für den Arbeitgeber „wert" ist, stellt sich nicht nur im allgemeinen erst im nachhinein heraus, sondern hängt ganz entscheidend *von ihm selbst* ab; ist er ein tüchtiger

Unternehmer, dann ist sie für ihn viel wert; ist er ein untüchtiger Unternehmer oder wird sein Unternehmen von unabwendbaren Schicksalsschlägen betroffen, dann ist die gleiche Arbeit für ihn nichts wert oder bringt ihn sogar in die roten Ziffern. So führt auch dieser Versuch, die Arbeit zutreffend zu bewerten und die Gegenleistung dementsprechend zu bemessen, nicht zum Ziel.

Arbeitswertlehre

So gehen denn die Angreifer und Ankläger des Kapitalismus, anstatt sich an der Frage festzubeißen, wie die Arbeit des einzelnen Arbeitnehmers zu bewerten und folgerecht zu entgelten wäre, gleich aufs Ganze und erklären, da die Arbeit *allein* produktiv, das Kapital dagegen ökonomisch unproduktiv sei, müsse alles, weil es nichts anderes als Arbeitsertrag ist, auch der Arbeit zufallen und sei daher alles, was das Kapital über den Ersatz der verschlissenen und damit in die Produkte eingegangenen Produktionsmittel hinaus für sich beanspruche, „Ausbeutung", im Lohnarbeitsverhältnis also „vorenthaltener Lohn". Damit ist den Einsetzern von Kapital jeglicher Anteil an dem, was im Zusammenwirken von Kapital und Arbeit erwirtschaftet wurde, grundsätzlich aberkannt. Die Frage nach den beiderseitigen Anteilen beantwortet sich demnach mit eins zu null.

Wieso die Arbeit allein produktiv, das Kapital dagegen zwar technologisch im höchsten Maß produktiv, ökonomisch dagegen völlig unproduktiv sein soll, ist, wenn überhaupt, dann nur vom Boden der Marxschen Wertlehre aus zu begreifen. In meinen Augen ist diese Wertlehre entweder ein Widerspruch in sich selbst oder eine petitio principii. Darauf kommt es aber nicht an. Ihrer Zurückweisung oder Widerlegung bedarf es gar nicht; selbst wenn sie zuträfe, wäre sie ebensowenig beweiskräftig wie die von kapitalistischer Seite ihr entgegengesetzte Argumentation; beide unterstellen das Verursacherprinzip; dieses aber *trägt nicht.*

Verursacherprinzip

Von der Kapitalseite pflegt folgendermaßen argumentiert zu werden. Da das Kapital unbestrittenermaßen an dem erwirtschafteten Ertrag wirkursächlich beteiligt sei, stehe ihm auch ein entsprechender Anteil daran zu. Damit ist das Verursacherprinzip angerufen, als ob es ein allgemeingültiges Prinzip wäre, das als solches selbstverständlich auch hier Anwendung finde. Eben dies versteht sich keineswegs von selbst, wäre vielmehr zu *beweisen.* Selbst wenn die Rechtsordnung mir auferlegt, in beschränktem, von ihr genau umschriebenem Ausmaß für das, was ich wirkursächlich an *Schaden* anrichte, einzustehen, folgt daraus noch keineswegs, daß ich beanspruchen könne, an jedem *guten* Erfolg, den ich mitverursacht habe, beteiligt zu werden (was in Wirklichkeit auch gar nicht geschieht). Im vorliegenden Fall stößt die Berufung auf das Verursacherprinzip unmittelbar auf das Hindernis, daß es die *ein*deutige Zurechnung, die sie voraussetzt, gar nicht gibt; immer sind verschiedene *Ansätze* möglich, die zu verschiedenen Ergebnissen führen. Schon das ist mehr als ein bloßer Schönheitsfehler, doch mag man sich darüber hinwegsetzen; wo es sich um praktische Zwecke handelt, mag das hingehen. Für das, worum es hier geht, bleibt das *unübersteigbare* Hindernis, daß wir der Zurechnung immer nur wirkliche oder angenommene

Preise der Kostengüter, nicht zuletzt der Löhne, zugrunde legen können. Wenn es dagegen wie hier darum geht, die richtige, sein-sollende oder „gerechte" Zurechnung vorzunehmen, dann genügt das nicht; dann müßte man vielmehr die Kostengüter bereits mit ihren richtigen, sein-sollenden oder „gerechten" Preisen in die Rechnung einsetzen, müßte also gerade das, was man *sucht*, bereits *im vorhinein wissen*. Dieser Weg ist ungangbar; nichtsdestoweniger wird er immer wieder eingeschlagen. Soviel zur *Logik* dieser Argumentation.

Leistungsgesellschaft

Dem genannten untauglichen Versuch, von der wirkursächlichen Zurechnung her auf die gerechte Verteilung zu schließen, liegt unverkennbar die zwar nicht „typisch" kapitalistische, aber jedenfalls im Kapitalismus weitgehend herrschende, einseitig übertriebene, in der letzten Zuspitzung unmenschliche Vorstellung der *Leistungsgesellschaft* zugrunde: „Jedem nach seiner Leistung"; wer nichts leistet, dem gebührt nichts, der bekommt nichts; er zählt nicht, ist ein unnützes Glied der Gesellschaft, er mag zugrunde gehen. Ist der Sinn der Wirtschaft dieser, die Bedürfnisse der nun einmal bedürfenden Menschen zu befriedigen, sind die Menschen nun aber nur während eines begrenzten Teilabschnitts ihres Lebens imstande, Leistungen zu erbringen, dagegen während ihres ganzen Lebens bedürfende Wesen, dann ist eine Wirtschaft, die ihre Erträge nur nach der Leistung verteilt, widersinnig und unmenschlich. Allenfalls mag man eine Erstverteilung (originäre Distribution) ausschließlich nach der Leistung vornehmen und eine Zweit- oder Umverteilung (*Re*distribution) nach den Bedürfnissen anschließen; darüber kann man diskutieren; daß die *End*verteilung auf jeden Fall den Bedürfnissen Genüge tun muß, versteht sich von selbst.

Für einen dem Kapital zustehenden Anteil am Ertrag der Wirtschaft ist – das sei abschließend festgestellt – bis hierhin noch keine schlüssige Begründung oder Rechtfertigung erbracht; sie müßte also gegebenenfalls noch *gesucht* werden. – Auf die Frage, ob oder inwieweit die Verursachung überhaupt für die Zuteilung von Bedeutung ist oder was überhaupt dazu berechtigt, am Ertrag der Wirtschaft teilzunehmen, wird in anderem Zusammenhang zurückzukommen sein.

Verwendungsprinzip

Wenn das Verursacherprinzip nicht zum Ziele führt, muß ein anderer Weg gesucht werden. Anstatt zu untersuchen, *worauf,* d.i. auf welche Anteile Kapital und Arbeit Ansprüche geltend machen können, versuchen wir es mit einer Aufteilung, *wofür,* d.h. für welche Verwendungszwecke der Ertrag der Wirtschaft oder Teile davon *benötigt* werden. Dieser Weg bringt in der Tat ein Stück weiter. Und da es sich bei diesen Verwendungszwecken nicht um historische, sondern um sog. „ewige" Kategorien handelt, trifft vieles auf privatkapitalistische und staatskapitalistische Wirtschaftsweise gleicherweise zu, wodurch die Besonderheiten beider sich um so deutlicher abheben. Zweckmäßig gehen wir von der Seite der *Arbeit* aus und fragen uns, welche Abzüge die Arbeit sich gefallen lassen muß.

Abzüge vom „vollen Arbeitsertrag"

Weder in der privatkapitalistischen noch in der staatskapitalistischen Wirtschaft erhält die Arbeit, d.h., erhalten die arbeitenden Menschen alles, was dank ihrer Arbeit erwirtschaftet wurde. Aus bestimmten Gründen tritt das in der privatkapitalistischen Wirtschaft deutlicher in Erscheinung als in der staatskapitalistischen; in der Sache besteht kein nennenswerter Unterschied. Ein „Recht auf den vollen Arbeitsertrag" kennt keine der beiden Wirtschaftsordnungen, weder ein Recht auf den überhaupt nicht feststellbaren Anteil des einzelnen noch ein Recht der gesamten Arbeiterschaft auf das insgesamt Erwirtschaftete. In beiden Wirtschaftsordnungen müssen die Arbeiter (die arbeitenden Menschen) sich beträchtliche *Abzüge* davon gefallen lassen. Ein erster zwingender Grund dafür sind die Gemeinschaftsbedürfnisse sowie der Lebensunterhalt der Nichterwerbsfähigen, soweit der Arbeiter dafür nicht, wie in der Regel für seine Familienangehörigen, aus seinem Arbeitseinkommen selbst aufkommt. Ob man die Arbeitslöhne gleich im vorhinein um die vorgenannten Abzüge geringer bemißt oder nachträglich die dafür benötigten Beträge in Gestalt von Steuern oder Sozialbeiträgen wieder zurückholt, sind nur verschiedene Techniken; im Ergebnis ist es das gleiche. – Den zweiten großen Abzugsposten bilden wegen der Trennung des Arbeiters von den Produktionsmitteln die *Investitionen.* Sind über den Ersatz der verschlissenen Produktionsmittel hinaus (Netto-)Investitionen erforderlich, sei es wegen wachsender Bevölkerungszahl, sei es, um steigende Ansprüche an die Lebenshaltung befriedigen zu können, und sollen diese Investitionen nicht in das

Eigentum der Arbeiter übergehen (im Staatskapitalismus *grundsätzlich* nicht, im Privatkapitalismus mindestens bisher *tatsächlich* nicht oder nur in geringfügigem Ausmaß), dann muß der ganze Aufwand für diese Investitionen den Arbeitern *vor*enthalten oder von ihrem Einkommen *ab*gehalten werden. Die Formen, in denen das geschieht, können sehr verschieden sein; im Ergebnis kommt es immer auf das gleiche hinaus. Die Arbeiter produzieren Konsumgüter *und* Produktionsmittel; sie erhalten die ersteren (auch diese nur abzüglich des für Gemeinschaftsbedürfnisse u.a.m. [siehe oben!] benötigten Teiles; die produzierten Produktionsmittel verbleiben in den Unternehme*n*, im Staatskapitalismus restlos im Eigentum des Staates als des einzigen Unternehme*rs*, im Privatkapitalismus im Eigentum der privaten Unternehme*r* (als Reinvermögen allerdings nur insoweit, als die Unternehmer zur Finanzierung dieser Investitionen nicht auf die Ersparnisse der Arbeitnehmer in Form von Darlehen oder Beteiligungen zurückgreifen müssen). – Genau in Höhe dieser *Abzüge* erhält der Arbeiter oder verbleibt ihm in beiden Wirtschaftsordnungen *weniger*, als er „leistet"; genau insoweit ist er ausgebeutet oder kann sich als ausgebeutet ansehen. *Durchaus begreiflicherweise* sieht er es anders an, wenn das, was ihm vorenthalten wird, andere Leute, obendrein reichere als er, oft sogar sehr reiche, noch mehr *bereichert*, und anders, wenn es der Allgemeinheit, der öffentlichen Hand oder wie immer zugute kommt, und zwar um so mehr, je mehr er sich selbst mit diesem öffentlichen Gemeinwesen identifiziert und je erfolgreicher dieses sich bemüht, die ihm zufließenden Mittel so zu verwenden und die Infrastruktur- und Produktionsmittelinvestitionen so zu gestalten und einzusetzen, daß sie soviel wie möglich *allen* zugute kommen.

Die soziologische „Trennung ..." läßt sich abbauen ...

Die *technologische* Trennung des Arbeiters von den Produktionsmitteln (s. S. 44) ist im Privatkapitalismus und im Staatskapitalismus ganz die gleiche; ein Unterschied besteht nur hinsichtlich derjenigen Trennung, die man die *soziologische* nennen könnte; diese und die „Ausbeutung" des Arbeiters zu *Investitions*zwecken ist im Staatskapitalismus *absolut* (niemals wird eine Investition sein eigen); im Privatkapitalismus dagegen nur *hypothetisch und relativ*; m. a. W. diese zur Zeit in sehr ausgeprägter Weise bestehende „Trennung des Arbeiters von den Produktionsmitteln" ist dem Privatkapitalismus *nicht* systemimmanent, sondern historisch-kontingent und kann darum abgebaut werden; im gleichen Maß verwandelt sich für den Arbeiter die „Ausbeutung" zugunsten des Kapitalisten in „Ausbeutung" zugunsten seiner selbst. In der privatkapitalistischen Wirtschaft läßt sich eine Entwicklung zum mindesten vorstellen, die dahin führt, daß die gleichen Menschen als Kapitaleinsetzer die Investitionen finanzieren und als Arbeitseinsetzer sie betreiben; von der „Trennung" wäre dann nur das übriggeblieben, was technologisch bedingt ist; die *soziologische* „Trennung des Arbeiters von den Produktionsmitteln" wäre überwunden. Ob man dann das, was herauskäme, noch „Kapitalismus" nennen will, ist – wie schon früher angedeutet – nicht viel mehr als ein Streit ums Wort.

... den vermeintlichen „Systemüberwindern" zum Trotz

Wer den Kapitalismus als *System* ansieht, muß eine solche Entwicklung als system*widrig* ausschließen; er muß dann aber dartun, welche systemtragenden und daher *im* System unentbehrlichen oder unüberwindbaren Faktoren eine solche Entwicklung nicht nur erschweren (was niemand bestreiten wird, der sich je mit Fragen dieser Art beschäftigt hat), sondern sie *verunmöglichen*, muß zeigen, daß es system*sprengender* („systemüberwindender") Maßnahmen bedarf, um den Weg zu einer solchen Entwicklung freizulegen.

Diesen Nachweis zu erbringen wird in der Tat versucht. – Im Kapitalismus sei die Kapitalbildung zwar nicht rechtlich, wohl aber faktisch das Privileg der Besitzenden. Das „System" erfordere, daß die Unternehmen „rentieren", weil die Kapitalisten *nur* unter dieser Voraussetzung bereit seien, Geld für Investitionen bereitzustellen. Gleichviel, ob man „Kapital" von vornherein als „Mehrwert heckenden Wert" definiere oder einfach von der Erfahrung ausgehe, stehe fest, daß die Kapitalisten ihr „für Investitionszwecke verfügbares Geld" nur dann investieren, wenn es investiert ihnen Rendite („Mehrwert") abwerfe. Daraus wird gefolgert, wenn es gelänge, den Abzug von den Arbeitseinkommen für Investitionen merklich zu verringern oder gar völlig zu beseitigen und so auch diesen Teil des Erarbeiteten den arbeitenden Menschen selbst zukommen zu lassen, dann hätten die Unternehmer-Kapitalisten oder Kapitalisten-Unternehmer keinen hinreichenden Anreiz mehr zu investieren und würden daher die Investitionen einschränken oder völlig einstellen, in den Investitionsstreik treten; das aber wäre für die kapitalistische Wirtschaft *tödlich*.

Dazu ist zu sagen: In dem Maße, wie es gelänge, die Arbeitnehmereinkommen zu Lasten der Unternehmergewinne zu erhöhen, würden die *Eigen*mittel der bisherigen Kapitalisten-Unternehmer für Investitionen dahinschwinden, im Extremfall bis auf Null. Aus *Eigen*mitteln zu investieren wären sie demzufolge immer weniger, im Extremfall überhaupt nicht mehr imstande. Im *gleichen* Umfang könnten Investitionen jedoch nunmehr aus dem „zu Investitionszwecken verfügbaren Geld" der Arbeitnehmer finanziert werden; diese aber sind ganz unabhängig von der Kapitalrendite an den Investitionen interessiert, weil an ihnen alles hängt, was für sie von vitalem Interesse ist: die Sicherheit ihrer Arbeitsplätze, der Fortschritt der Produktivität ihrer Arbeit und damit der weitere Aufstieg der Lebenshaltung. – Damit sind wir wieder bei dem Streit ums Wort angekommen: Ist das, wenn die Arbeitnehmer selbst die Investitionen finanzieren und damit in die Beteiligung am Produktionsmittelbesitz hineinwachsen, noch „Kapitalismus"? Vielleicht „Volks-Kapitalismus"? Sind diese Arbeitnehmer jetzt in einer Person auch kleine „Kapitalisten" geworden? Wer mit Marx Kapital als „Mehrwert heckenden Wert" definiert und unter „Mehrwert" versteht, was eine andere gesellschaftliche Klasse dem Arbeiter wegnimmt, für den wäre dieser Zustand offenbar kein „Kapitalismus" mehr; wer dagegen diese Kapitaldefinition als eine Mystifikation ansieht und die ökonomischen Zusammenhänge so beurteilt, wie es hier geschieht, der wird, wenn er das Bestehende „Kapitalismus" nennt, auch für den wesentlich erfreulicheren Zustand breiter und breitester *Beteiligung am Produktionsmittelbesitz* den gleichen Namen beibehalten. – Wie dem auch sei; durch Definitionen kann man eine Tereminologie festlegen; das, was wirklich *ist*, kann man durch Definitionen weder beweisen noch widerlegen.

Auf jeden Fall sind die Neomarxisten, die sich mit aller Macht der Vermögensbildung in Arbeitnehmerkreisen und deren Beteiligung am Produktionsmittelbesitz widersetzen, die wirksamsten Verteidiger des Kapitalismus „wie gehabt". Sie wollen – anders kann man es nicht erklären – die Trennung des Arbeiters von den Produktionsmitteln um jeden Preis *strikt* aufrechterhalten; offenbar stellen sie sich vor, unter dieser Voraussetzung gehe das Umkippen vom Privat- zum Staatskapitalismus am leichtesten vor sich; ihr Altmeister Karl Marx dürfte dem wohl zustimmen.

Abschließende Feststellung

Damit läßt sich zu den beiden Anklagepunkten „Trennung des Arbeiters von den Produktionsmitteln" und „ausbeuterischer Charakter der Lohnarbeit" abschließend feststellen.:

Daß der arbeitende Mensch nicht an eigenen Produktionsmitteln (an seine*m* eigenen Produktionsmittel; Einzahl!) arbeitet, ist technisch bedingt und steht in keinem Zusammenhang mit der kapitalistischen oder irgendeiner anderen Wirtschaftsweise. – „Trennung des Arbeiters von den Produktionsmitteln" in dem Sinn, daß die arbeitenden Menschen oder ihre große Mehrheit „von Produktionsmittelbesitz entblößt" sind, ist für den Staatskapitalismus konstitutiv, im Privatkapitalismus heute – in der Hauptsache wohl als Nachwirkung der *vor*kapitalistischen Sozialstruktur – faktisch, d.i. historisch-kontingent, also nicht system*bedingt* oder system*notwendig*. Diesen zweifellos beklagenswerten Zustand zu ändern mag schwer sein und dürfte sich auf organisch-evolutionärem Weg nur in einem langen Zeitraum bewerkstelligen lassen. Den härtesten Widerstand leisten nicht die heutigen Kapitalisten, sondern die schärfsten Gegner des (privaten) Kapitalismus, die (Neo-)Marxisten, von ihrem Standpunkt aus mit Recht; *ihrem* Ziel läuft es stracks zuwider.

Lebenslage der abhängigen Arbeit

Alles bis hierhin zur „Trennung des Arbeiters von den Produktionsmitteln" und zur „Ausbeutung" Ausgeführte betraf im Grunde doch wieder nur die ökonomischen Sachverhalte und Zusammenhänge. Wenn dem Kapitalismus das Lohnarbeitsverhältnis und die daraus sich ergebende „Lebenslage der abhängigen Arbeit" zum Vorwurf gemacht wird, so geht diese Anklage tiefer.

Auch hier sei gleich eingangs daran erinnert, daß Privatkapitalismus und Staatskapitalismus sich gleicherweise des Lohnarbeitsverhältnisses bedienen und diesbezüglich zwischen ihnen nur der Unterschied besteht, daß es in der staats-kapitalistischen Wirtschaft überhaupt keine selbständig Erwerbstätigen gibt, vielmehr *alle* in abhängiger Arbeit stehen und überdies – nach unserer allerdings unmaßgeblichen Schätzung – sehr viel abhängiger sind als die sog. „Lohnabhängigen" in der privatkapitalistischen Wirtschaft, denen zudem immer noch gewisse, in einigen Ländern sogar recht ansehnliche Chancen offenstehen, sich zur selbständigen, nicht nur freiberuflichen, sondern auch gewerblichen (unternehmerischen) Erwerbstätigkeit emporzuschwingen. Die weitaus meisten und darunter auch die sowohl strebsamen als auch unternehmerisch Begabten bleiben jedoch in der privatkapitalistischen Wirtschaft während ihres ganzen Erwerbslebens dem Lohnarbeitsverhältnis verhaftet und sind damit von der unmittelbaren Beteiligung am ökonomischen Erfolg oder Mißerfolg ihrer Arbeit ausgeschlossen und auf die abhängige Arbeit und auf den Abfindungslohn, gegebenenfalls mit gewissen erfolgsbedingten Zulagen, beschränkt. Mag es auch manchen keine Schwierigkeit machen, sich damit abzufinden, so ist es doch für viele und gerade für die menschlich wertvollsten Arbeitnehmer bitter und wird von ihnen als bitter empfunden. Aber die *Gewerkschaften* selbst sind realistisch genug, um unbedingt am Lohnarbeitsverhältnis mit seinem „Abfindungslohn" festzuhalten, weil unter den heutigen und auf absehbare Zeit zu erwartenden Verhältnissen die weitaus meisten Arbeitnehmer mangels ausreichender Reserven kein Verlustrisiko eingehen können.

„Abfindungslohn"

Der Arbeitnehmer, der sich mit dem Lohn „abfinden" läßt, verzichtet auf Beteiligung am Gewinn des Unternehmens und tauscht dafür die Freistellung vom Verlustrisiko ein; der Arbeitgeber, der ihm das Verlustrisiko abnimmt, erhält als Risikoprämie dafür den *Allein*anspruch auf den Gewinn. Anders als die einbehaltene Lohnsteuer u.a.m. erscheint diese

Risikoprämie nicht auf dem Lohnstreifen, sondern ist bereits stillschweigend gegen den Entgeltanspruch des Arbeitnehmers für seine Arbeit aufgerechnet („saldiert"); diese Aufrechnung ist nicht zu beanstanden, denn hier handelt es sich nicht wie bei den Gemeinbedürfnissen oder den Investitionen um einen „Abzug", sondern um einen echten *Gegenposten*, über dessen Höhe sich allerdings streiten läßt und gestritten wird. Aus der Mitbestimmungsdiskussion ist uns dieser Streit, nur aus anderer Sicht, wohlbekannt. Wenn die Unternehmer sich darauf berufen, sie *allein* trügen das ganze Risiko und zahlten ohne Rücksicht auf Verluste den vertraglich vereinbarten Lohn und deswegen müßten auch ihnen *allein* die unternehmerischen Entscheidungen zustehen, dann machen die Arbeitnehmer demgegenüber geltend, einmal, durch die Risikoprämie, um die ihr Arbeitslohn niedriger kalkuliert sei, hätten sie dieses Risiko bereits überreichlich *abgegolten*; zum andernmal trügen sie selbst immer noch das sehr reale Risiko, infolge fehlerhafter unternehmerischer Entscheidungen ihre Arbeitsplätze zu verlieren; darum sei es nicht vertretbar, daß der Arbeitgeber *allein* diese Entscheidungen treffe; auch sie müßten daran beteiligt sein.

Abhängigkeit im Unternehmen ...

In solcher Weise abhängig zu sein von den Folgen unternehmerischer Entscheidungen, auf die man selbst keinen Einfluß hat, ist gewiß hart; muß der Kapitalismus sich mit der Verantwortung dafür belasten? Er tut es, wenn er, wie es leider oftmals geschieht, die doppelte Torheit begeht, einmal zu behaupten, wirtschaftliche Mitbestimmung auf Unternehmensebene sei mit Marktwirtschaft unvereinbar, zum andernmal sich selbst mit dieser Marktwirtschaft gleichzusetzen. Die Mitbestimmung mit der Behauptung bekämpfen, *nur* Kapitalisten (Vertreter der Kapitalinteressen) seien einsichtig genug, um „Marktsignale" ernst zu nehmen, und gewillt, „Marktgehorsam" zu üben, heißt wirklich nichts anderes als dem Kapitalismus die ganze Verantwortung und somit das ganze Odium aufzubürden.

... und im Betrieb

Anders steht es um die Abhängigkeit, die sich daraus ergibt, daß der in einem Betrieb, in einer Verwaltung oder wo immer tätige Mensch der *Weisungsbefugnis* seines unmittelbaren und aller diesem übergeordneten Vorgesetzten untersteht; diese in bestimmtem Ausmaß *sachnotwendige* Abhängigkeit läßt sich nicht beheben, sehr wohl aber *vermenschlichen.* Durch Einführung „rechtsstaatlicher" Verhältnisse im Betrieb können die Untergebenen gegen Willkür durchaus wirksam geschützt werden. Angefangen von der möglichst weitgehenden Selbstbestimmung am eigenen Arbeitsplatz über die Mitbestimmung im Betrieb mit seinen Autoritätskonflikten und auf Unternehmensebene mit ihren Interessenkonflikten bis hinauf zu den Instanzen, wo die wirtschaftspolitischen Entscheidungen fallen, kann die Abhängigkeit der Arbeitnehmer gemildert und die Berücksichtigung ihrer legitimen Interessen gesichert werden. Aber selbst dann noch, wenn das verwirklicht sein wird, erst recht aber, solange das zu einem namhaften Teil noch aussteht, spricht das Bundesarbeitsgericht zutreffend von der „Lebenslage der abhängigen Arbeit“ und geht auch die ein wenig gehässige Redeweise der Neomarxisten von den „Lohnabhängigen“ nicht völlig fehl.

In wesentlich tiefere Schichten hinab stößt die von Karl Marx gegen den Kapitalismus erhobene Anklage, er habe den Arbeiter sich selbst *„entfremdet“* und im Lohnarbeitsverhältnis die menschliche Arbeit zur „Ware“ entwürdigt.

Entfremdung, Entmenschlichung

Mit dieser Anklage zielt Marx nur auf den zu seiner Zeit allein existenten Privatkapitalismus. – Wenn im Staatskapitalismus niemand für einen Fremden (den „Kapitalisten“) arbeitet, dann kann es begrifflich schon keine Ausbeutung und erst recht keine „Entfremdung“ geben (die nach Marx im Privatkapitalismus auch dem Kapitalisten widerfährt) und kann auch die Arbeit keinen Warencharakter haben; so wenigstens will es die Ideologie.

Lautete der Titel dieses Büchleins „Kapitalismus – mit den Augen von Karl Marx gesehen“, dann wäre jetzt von der Entfremdung, wie Marx sie versteht, und vom Warencharakter, wie Marx ihn der Arbeit zuerkennt, zu handeln. Man braucht aber nicht Marxist zu sein und schon gar nicht den Marxschen Begriff der Entfremdung, der zwar manches Zutreffende enthält, im Innersten aber mit Marxens für uns unannehmbarem Menschenbild zusammenhängt, sich zu eigen zu machen, um mit aller Entschiedenheit der tatäschlichen Entfremdung – besser und verständlicher würde man wohl sagen: *Entmenschlichung* – des arbeitenden Menschen mit aller Entschiedenheit entgegenzutreten. Ebensowenig braucht man Marxens Vorstellung von Warenfetischismus zu teilen, um unbedingt Verwahrung einzulegen gegen die Entwürdigung, die der menschlichen Arbeit angetan wird, wenn man sie zur Ware erniedrigt oder einer Ware gleich behandelt, und dics mit aller Kraft zu bekämpfen. Dabei ist es völlig belanglos, ob diese empörenden Übelstände nur im Privatkapitalismus oder auch im Staatskapitalismus begegnen oder ob sie überhaupt mit dem Kapitalismus in ursächlichem Zusammenhang stehen und ihm insofern eigentümlich sind oder nicht.

Ergebnis oder Vollzugsweise der Wirtschaft?

In einer Wirtschaft, deren Führung beim Kapital liegt, das selbstverständlich seine Interessen, in der Regel sein Erwerbs- oder Gewinninteresse verfolgen wird, kann es kaum ausbleiben oder besteht zum mindesten die ernste Gefahr, daß der Mensch und sein Wohlergehen im *Vollzug* der Wirtschaft zurücktreten muß hinter dem *Ergebnis* der Wirtschaft. Mit der Redensart, die Wirtschaft sei für den Menschen da, ist dagegen nichts auszurichten. Allzugern wird sie in dem selbstverständlichen und darum nichtssagenden Sinn verstanden, das Ergebnis der Wirtschaft, die erzeugten Sachgüter und erstellten Dienstleistungen, seien für den Menschen bestimmt (für wen denn sonst?). Soll die Wirtschaft dem Menschen gerecht werden und der Mensch *in* der Wirtschaft zu seinem Recht kommen, dann genügt es nicht, daß ihre Produkte den Menschen zugute kommen, sondern ist ebenso notwendig, wenn nicht noch wichtiger, daß der Mensch im *Vollzug* der Wirtschaft, der arbeitende Mensch *in* seiner Arbeit, zu seiner Selbstverwirklichung, zur Entfaltung der ihm geschenkten körperlichen, geistigen und sittlichen Anlagen gelangt. Was das angeht, muß die kapitalistische Wirtschaft nicht nur in den Erscheinungsformen ihrer noch ungebändigten Frühzeit, sondern, wo sie heute mit dem gleichen jugendlichen Ungestüm in die Entwicklungsländer einbricht, auch heute noch oder wieder sich schwerster Verfehlungen schuldig bekennen.

Aber auch noch auf den höchsten Stufen der industriellen Entwicklung unterwirft sie die „Lohnabhängigen", wo sie nicht daran gehindert wird, dem Diktat der Maschine, dem Takt des Fließbandes in einer Weise, die dazu angetan ist, Menschen physisch und psychisch zugrunde zu richten und sie so im wahrsten Sinn des Wortes zu entmenschlichen. – Daß keineswegs die Arbeit *aller* sich in monoton-repetitiven Verrichtungen am Fließband erschöpft, braucht kaum gesagt zu werden; man sollte aber auch nicht unterschätzen, in welch ungeheuerem Ausmaß Taylorismus und andere „wissenschaftliche Arbeitssysteme" sich über alle menschlichen Rücksichten hinweggesetzt und den arbeitenden Menschen ausgenützt, ausgepumpt und ausgepreßt haben und wie weit wir trotz unverkennbarer Wendung zum Besseren auch heute noch vielfach von einer „Humanisierung" der Arbeit entfernt sind. Die Gerechtigkeit gebietet allerdings anzuerkennen, daß die kapitalistischen Unternehmer fortgeschrittener Länder inzwischen – nicht ganz ohne freundliche Nachhilfe der Gewerkschaften – gelernt haben, daß, den Menschen nicht als Sache, sondern als menschliches Wesen mit seiner Menschenwürde, mit seinen menschlichen Stärken und Schwächen anzusehen und zu behandeln, nicht nur sozialer, sondern auch ökonomisch rationaler ist.

Verschulden der Technik?

Der Kapitalismus möchte sich da gern auf die Technik hinausreden; diese habe die Maschinen konstruiert, denen sich die Menschen anpassen müssen, um sie zu „bedienen“, und durch die der arbeitende Mensch gefährdet werde, anstatt sie dem Menschen anzupassen und für ihn gefahrlos zu konstruieren. Diese Ausrede verfängt nicht. Die Technik ist ambivalent; sie erfüllt nur die Aufträge und löst die Aufgaben, die ihr von der Wirtschaft oder von der Politik (Rüstung!) gestellt werden. Sobald der Gesetzgeber und die Gewerbeaufsicht die Unternehmer entschieden genug dazu anhielt und diese demzufolge bei den Konstrukteuren darauf drangen, erwies die Technik sich ohne weiteres imstande, die gebührende Rücksicht auf den arbeitenden Menschen zu nehmen.

Anreizlöhne u. a. m.

Ohne alle Ausflüchte ganz allein auf sein eigenes Schuldkonto muß der Kapitalismus es nehmen, wenn das kapitalistische Gewinnstreben es darauf ablegt, das ihm nur zu verwandte Streben der unselbständig Erwerbstätigen nach *„mehr“*, nach höherer Lebenshaltung und sozialem Aufstieg (Prestigekonsum!) aufzupeitschen, um es als höchst wirksamen Bundesgenossen in seinen Dienst zu spannen. In dieser Absicht wird der Leistungslohn fortentwickelt zu überzüchtet antreiberischen Entlohnungssystemen, die den arbeitenden Menschen anstacheln, sich selbst durch ein Übermaß an Leistung zu überfordern und damit seine Lebenskraft vorzeitig zu verbrauchen, ja nicht selten sich regelrecht zugrunde zu richten; die erschreckend verbreitete Frühinvalidität spricht da eine nicht zu überhörende Sprache.

Seitdem die Gewerkschaften stark genug geworden sind, um dem Menschen und seinen physischen (biologischen) und psychischen Bedürfnissen besser angepaßte technische und andere Arbeitsbedingungen durchzusetzen, ist zweifellos auch in dieser Hinsicht vieles besser geworden und stehen weitere Fortschritte in der Richtung auf Vermenschlichung des Arbeitslebens zu erwarten. Die Erfolge, die namentlich die IG Metall diesbezüglich erstritten hat, sind gewiß sehr hoch zu veranschlagen; trotzdem wäre es verfrüht, darin schon den Eintritt in ein neues Zeitalter des Arbeitlebens zu sehen.

Ausführlicher die Mißstände zu schildern erübrigt sich; das ist zu ungezählten Malen geschehen; das Schrifttum darüber ist unübersehbar geworden. Statt dessen sei hier die nicht nur bei Unternehmern selbst weitverbreitete, sondern von ihnen auch auf ihre Angestellten, auf das ‚management' bis zu den Meistern herab übertragene Denkweise und Gesinnung gebrandmarkt: den Untergebenen, den Abhängigen lediglich als Mittel zum Zweck und damit nicht als Menschen, sondern als Sache anzusehen und zu behandeln, vor allem die Selbstverständlichkeit, mit der das geschieht. – Hier könnte der Kapitalismus allerdings die schwer widerlegbare Ausrede vorbringen, das sei nichts ihm eigentümliches; die Machthaber früherer Zeiten seien mit ihren Untergebenen, den von ihnen Abhängigen noch viel rücksichtsloser umgesprungen, hätten sie für ihre Launen und ihren

Luxus ausgenutzt und mißbraucht, wie kein kapitalistischer Unternehmer sich das heute leisten könnte; der kapitalistische Unternehmer treibe nicht seine Willkür mit den Menschen, sondern verfahre mit ihnen nach der ratio oeconomica.

Arbeit als Kostenelement

Wenn die Betriebswirtschaftslehre die Arbeit als Kostenelement behandelt, so liegt darin, solange sie auf dem ihr eigenen Abstraktionsgrad verbleibt, noch keine Verkennung und noch weniger eine Mißachtung der Menschenwürde des Arbeiters. Die Gefahr ist allerdings groß, daß der Schüler (wenn nicht gar schon der Lehrer) das, was auf der Abstraktionsebene gilt, unbesehen in die Praxis überträgt und den arbeitenden Menschen als *bloßes* Kostenelement behandelt und es nur als einen bedauerlichen Nebenumstand ansieht, daß dieser sein Menschtum nicht zu Hause lassen kann, sondern es in den Betrieb mitbringt, der damit nichts anzufangen weiß und dem deswegen ein maschineller Roboter willkommener wäre.

Arbeit als Marktware

Die Arbeit als Kostenelement behandeln heißt schon, sie in dieser Hinsicht einer Ware gleichstellen. Noch viel augenfälliger und anstößiger bringt die Wortprägung *„Arbeitsmarkt“* diese Gleichstellung zum Ausdruck. Hier muß allerdings sorgfältig unterschieden werden. Besagt „Markt“ nichts anderes, als daß Anbieter und Nachfrager in beiderseitiger rechtlicher und tatsächlicher Freiheit auf einander zugehen, um den jeweils erwünschtesten Tauschpartner zu finden und den für beide vorteilhaftesten Leistungsaustausch in die Wege zu leiten, dann liegt auch im Begriff „Markt" nichts Anstößiges. Im Gegenteil, um die zwangsweise Zuteilung der Arbeitskräfte durch die Obrigkeit an ihnen vorgeschriebene Arbeitgeber und Arbeitsplätze zu vermeiden und die freie Wahl des Berufs, des Arbeitgebers und des Arbeitsplatzes als Voraussetzungen aller übrigen Freiheiten in Wirtschaft, Gesellschaft und Staat aufrechtzuerhalten, ist diese freie Begegnung von Angebot von und Nachfrage nach Arbeit *unentbehrlich.* Allerdings muß dieser „Arbeitsmarkt" sich von Warenmärkten in einigen wesentlichen Stücken unterscheiden. Warenmärkte brauchen nicht unbedingt „geräumt" zu werden; nicht absetzbare Ware kann man andererweitiger Verwendung zuführen, notfalls vernichten; ihre weitere Produktion unterbleibt; damit ist das Marktgleichgewicht wiederhergestellt. Der Arbeitsmarkt dagegen *muß geräumt* werden; die Arbeit suchenden Menschen kann man nicht umbringen, kann ihnen nicht einmal verwehren, Nachkommenschaft zu erzeugen und damit neues Angebot an Arbeitskräften zu produzieren. Es geht auch nicht an, wie bei im Übermaß angebotenen Waren den Preis, so hier unter dem Druck des Überangebots an Arbeitskräften den „Lohn" weiter und weiter zu senken, bis die Nachfrage sich bereit findet, auch das letzte Angebot noch aufzunehmen. Der von Produktionsmittelbesitz entblößte Nur-Lohn-Arbeiter ist darauf angewiesen, nicht nur einen Arbeitsplatz zu finden, an dem er seine Arbeitskraft verwerten kann, sondern auch einen zum Leben ausreichenden Lohn zu verdienen.

Hier stehen nur zwei Möglichkeiten offen: *entweder* hält man es für möglich, den Arbeitsmarkt so zu organisieren und die für ihn maßgeblichen gesamtwirtschaftlichen Daten so zu setzen, daß er wenigstens im großen und ganzen, wenn auch nicht in idealer Vollkommenheit, diesen Erfordernissen genügt, *oder* man erachtet das als unmöglich. Im letzteren Fall bleibt nur noch die Wahl: entweder den Arbeitsmarkt und mit ihm zugleich die freie Markt- oder Verkehrswirtschaft *abzuschaffen* und die Zentralverwaltungswirtschaft einzuführen oder sich mit Gleichstellung und Gleichbehandlung der menschlichen Arbeit mit irgendwelchen Marktwaren und mit der darin liegenden Entwürdigung der menschlichen Arbeit *abzufinden.*

Den Arbeitsmarkt vermenschlichen?

Ob oder inwieweit es aussichtsreich erscheint, den Arbeitsmarkt so einzurichten und die gesamtwirtschaftlichen Daten so zu setzen, daß der Arbeitsmarkt nicht länger gleich einem Warenmarkt funktioniert, ist hier nicht im einzelnen zu untersuchen. Hier ist nur festzustellen: In einer auf der Trennung des Arbeiters von den Produktionsmitteln aufgebauten und vom *Kapital,* d. i. von seiten der Produktionsmittelbesitzer und damit im Kapitalinteresse geführten, also „(privat)kapitalistischen" Wirtschaft besteht die „freie Begegnung von Angebot und Nachfrage" auf dem Arbeitsmarkt für die Arbeitnehmer zwar *rechtlich,* aber nicht oder nur in sehr eingeschränktem Maß *tatsächlich;* selbst in den fortgeschrittensten Ländern ist die tatsächliche Lage von Angebot und Nachfrage auf dem Arbeitsmarkt in hohem Grade ungleich. Um diese Ungleichheit zu beheben, müßte die Arbeitsseite an den Entscheidungen über die für den Arbeitsmarkt maßgeblichen gesamtwirtschaftlichen Daten, aber auch über die Investitionspolitik der Unternehmen gleichberechtigt und gleichwertig mit der Kapitalseite beteiligt sein; mindestens insoweit müßte der „kapitalistische" Charakter unserer Wirtschaft gemildert werden. Solange das nicht verwirklicht ist, besagt die „Lebenslage der abhängigen Arbeit" nicht nur, lebenslang abhängige Arbeit in fremden Diensten verrichten zu müssen, sondern überdies, bezüglich des eigenen *vitalen* Interesses, Gelegenheit zur Verwertung seiner Arbeitskraft zu finden, *abhängig* zu sein vom Spiel der Marktkräfte, das seinerseits von Entscheidungen bestimmt wird, die *andere* nach eiskalten Berechnungen treffen, ob es *ihrem* geschäftlichen Vorteil entspricht, Arbeitskräfte einzustellen oder abzustoßen, Arbeitsplätze zu eröffnen oder zu schließen, während man selbst an diesen Entscheidungen unbeteiligt nur deren *Ob*jekt ist. Solange die Arbeit in dieser Weise gleich irgendeiner Ware dem Marktschicksal preisgegeben ist, als nicht lohnend (keinen Gewinn versprechend) nicht aus dem Markt genommen zu werden, befindet sie sich in der Tat in der Lage einer Ware, heißt „Arbeitsmarkt" für sie ebensoviel wie Entwürdigung zur Ware.

Christliche Soziallehre marktblind?

Der christlichen Soziallehre wird zum Vorwurf gemacht, sie rüge zwar mit Recht die Soziologieblindheit der klassischen Nationalökonomie, kranke dafür aber selbst im gleichen Grade an *Marktblind-*

heit. Es trifft zu, daß ihre Kritik am Arbeitsmarkt vielfach der Wirklichkeit nicht gerecht geworden ist und Forderungen aufgestellt hat, die im Ergebnis zur Aufhebung der Marktwirtschaft und damit überhaupt der Freiheit im wirtschaftlichen, gesellschaftlichen und staatlichen Leben führen müßten. Soll überhaupt Freiheit bestehen, dann ist in einer Gesellschaft, die überwiegend Arbeitnehmergesellschaft geworden ist, die *freie* Begegnung und der *freie* Leistungsaustausch zwischen Arbeitgebern und Arbeitnehmern, wofür wir uns der Kurzbezeichnung „Arbeitsmarkt" bedienen, schlechthin unverzichtbar. Wer einigermaßen Bescheid weiß, wie unzulänglich selbst in *Fach*kreisen die Einsicht in die ordnungspolitischen Zusammenhänge bis heute sich durchzusetzen vermocht hat, der wird den von der Ethik oder Theologie herkommenden Vertretern der christlichen Soziallehre bereitwillig nachsehen, wenn auch sie da noch etwas Nachhilfeunterricht nötig haben.

Die kapitalistische Klassengesellschaft

Ihrerseits beanstandet die christliche Soziallehre weder die Trennung des Arbeiters von den Produktionsmitteln als solche noch das Lohnarbeitsverhältnis als wesentliche Mängel der kapitalistischen Wirtschaftsweise, sondern die mit ihr verbundene Klassenschichtung der menschlichen Gesellschaft (vgl. S. 57). Inwieweit die kapitalistische Klassengesellschaft bloße Begleiterscheinung der kapitalistischen Wirtschaftsweise ist oder deren notwendige Folge und daher auch nur mit ihr zusammen überwunden werden könnte, darüber gehen die Meinungen auseinander; diese Meinungsverschiedenheiten dürften jedoch zum guten Teil weniger sachlicher als terminologischer Natur sein und sich daraus erklären, daß die einzelnen sich von „kapitalistischer Wirtschaftsweise“ und „kapitalistischer Klassengesellschaft“ nicht ganz die gleiche Vorstellung machen. Selbstverständlich kommt nur der Kapitalismus im soziologischen, nicht im technologischen Sinn in Betracht (S. 58).

An dieser Stelle geht es noch nicht um die Frage, ob diese kapitalistische Wirtschaftsweise die einen immer reicher und die anderen immer ärmer machen muß oder ob sich auch eine Entwicklung in die Wege leiten ließe, die, wie sie weitgehend schon zu gleichmäßigerer Einkommensverteilung geführt hat, so auch zu fortschreitend gleichmäßigerer Vermögensverteilung führen würde. Vorerst geht es nur darum, den Sachverhalt selbst richtig zu sehen. Trifft es zu, daß in den „kapitalistischen“ Ländern die Gesellschaft aus zwei Schichten, Gruppen oder „Klassen“ besteht, deren kleinere allein über die Produktionsmittel verfügt, während die vielmals größere, von Produktionsmittelbesitz entblößt, sich darauf angewiesen sieht, an den Produktionsmitteln der anderen Arbeits- und Verdienstgelegenheit zu suchen? Trifft es weiter zu, daß die wesentlichen gesellschaftlichen Vorgänge und Beziehungen im Guten und im Bösen sich im Kräftespiel, in der Auseinandersetzung zwischen diesen beiden Gruppen, vor allem in ihrer Eigenschaft als machtmäßig organisierte Arbeitsmarktparteien, zum Teil sogar in Gestalt von Arbeitskämpfen, abspielen? Besteht zwischen diesen beiden Partnern der gesellschaftspolitischen Auseinandersetzung überwiegend oder gar ausschließlich

Interessengegensatz, oder sind sie derart auf einander angewiesen, daß alle noch so schwerwiegenden Interessengegensätze durch diese grundlegende und unausweichliche Interessenverbundenheit umfaßt und überbrückt werden? Was kann und muß demzufolge Sinn und Ziel ihrer Auseinandersetzung sein? Schließlich noch: Wie ist die Klassenlage, die kapitalistische Klassengesellschaft überhaupt und die Auseinandersetzung der gesellschaftlichen Klassen *richtig* zu verstehen und zu beurteilen? In welchem Sinn können wir sie gutheißen? Lassen Klassenlage und Klassengesellschaft sich zum Bessern wandeln, oder haben wir sie zu überwinden? Und wenn ja, was sollte dann an ihre Stelle treten?

Nur grobe Schwarz-Weiß-Zeichnung

Die Marxsche Antwort auf alle diese Fragen und die von ihm und seinen Nachfolgern aus diesen Antworten gezogenen Folgerungen sind bekannt und brauchen hier nicht wiederholt zu werden. Aber auch wer die Deutung, die Marx und seine heutigen Anhänger den Tatsachen geben, und die Folgerungen, die sie daraus ziehen, sich nicht zu eigen machen kann, muß sich diesen Fragen stellen und eine *bessere* Antwort darauf entweder schon bereit haben oder sie mit allem Bemühen suchen. Man kann die Sache auch nicht abtun mit dem Hinweis, ein Zwei-Klassen-Schema sei viel zu einfach, um die unvergleichlich kompliziertere Wirklichkeit darin einzufangen. Das Zwei-Klassen-Schema ist nicht mehr als ein *Modell;* zu fragen ist, ob es *das* oder mindestens *ein* entscheidend wichtiges Stück von dem zum Ausdruck bringt, was für unsere heutige Gesellschaft kennzeichnend und von wesentlicher Bedeutung ist; daran ist aber im Ernst nicht zu zweifeln. Dann aber ist es nicht nur berechtigt, sondern schlechthin geboten, sich dieses Modells als eines wertvollen Behelfs zur Erkenntnis und zum Verständnis unserer gesellschaftlichen Welt zu bedienen; nur gilt auch hier wieder, das abstrakte Modell nicht mit der konkreten Wirklichkeit gleichzusetzen und diese mit ihrer bunten Vielfalt und Kompliziertheit nicht in das Korsett des abstrakten Modells hineinzuzwängen.

In der kapitalistischen Industriewirtschaft hat der zu allen Zeiten und an allen Orten bestehende Unterschied von oben und unten, von reich und arm die besondere Gestalt einer Produktionsmittel besitzenden Minderheit und der von Produktionsmittelbesitz entblößten Mehrheit angenommen, die im Lohnarbeitsverhältnis zueinander in Beziehung treten. Die „Soziale Frage" des aufsteigenden Industriekapitalismus im 19. Jh. bei uns, in anderen Teilen der Welt im 20. Jh., war die *Arbeiterfrage;* der Fortbestand der bestehenden gesellschaftlichen und politischen Ordnung hing davon ab, ob es gelang, für die Mißstände, unter denen die Arbeiterschaft litt, soweit Abhilfe oder Erleichterung zu schaffen, daß die Massen nicht revoltierten und dadurch Zeit blieb, um auf evolutionärem Wege einer Lösung näherzukommen.

Herrschende und beherrschte Schichten

Die Vergangenheit kannte nur Gesellschaften, die in herrschende und beherrschte Schichten, meist eine ganze Stufenfolge solcher Schichten, zerfielen. Gelegentlich einmal gab es Revolten der Beherrschten und Unterdrückten, die sich gegen ein unerträglich gewordenes Übermaß von Willkür und Ausbeutung auflehnten; gegen das „System" wurde nicht revoltiert, denn niemand konnte sich etwas anderes auch nur vorstellen (in den Bauernkriegen kämpften die Bauern nur um Wiederherstellung (!) ihrer alten Rechte, nicht um eine Agrarreform oder dgl.). Vor Gott, aber auch nur vor ihm, waren der König und der Bettler gleich und spielte nur jeder seine unterschiedliche „Rolle"; in jeder anderen Beziehung waren sie regelrecht (art-)*verschiedene Menschen* (im England des 19./20. Jh. „Kapitalisten" und „Proletarier" zwei verschiedene „Nationen"). Für uns Heutige gibt es nur Träger verschiedener *Funktionen,* und auch dies im allgemeinen nur auf Zeit, nur unter (demokratischer) Kontrolle und damit letzten Endes auf Abruf; so spielen wir auch in diesem irdischen Leben und gegenüber der menschlichen Gesellschaft nur noch verschiedene „Rollen", sind aber nicht mehr (art-)verschiedene Menschen. Wir kennen keine geborenen Eliten mehr; zu unserer Vorstellung von gesellschaftlicher Ordnung gehört neben einem Mindestmaß an Stabilität, das erforderlich ist, um organisches Wachstum zu ermöglichen, ebenso unbedingt ein nicht zu gering zu bemessendes Maß von „Zirkulation der Eliten".

Um den Arbeitsmarkt zentrierte Gesellschaft

Eine Gesellschaft, in der die machtmäßig organisierten, auf dem Arbeitsmarkt und notfalls in Arbeitskämpfen ihre Interessengegensätze austragenden Arbeitsmarktparteien eine geradezu souveräne Macht innehaben und in der Lage sind, in für das allgemeine Wohl entscheidend wichtigen Fragen der für das Wohl des Ganzen verantwortlichen Staatsgewalt das Gesetz des Handelns vorzuschreiben und notwendige, aber ihnen mißliebige Maßnahmen unmöglich zu machen, ist grundsätzlich fehlerhaft gebaut. Die hier genannten Merkmale sind nun aber genau diejenigen der „kapitalistischen Klassengesellschaft", die natürlich in mehr oder weniger Reinheit verwirklicht sein kann.

Wenn wir, wie der Name „kapitalistische Klassengesellschaft" es zum Ausdruck bringt, dem „Kapitalismus", der kapitalistischen Wirtschaftsweise die Schuld für diesen unglücklichen und grundsätzlich fehlerhaften Zustand der Gesellschaft anlasten, dann ist damit nicht gemeint, er sei die einzige oder gar die letzte Ursache dieser Mißstände. Den Gegensatz von herrschenden und beherrschten Gruppen hat der Kapitalismus nicht in die Welt gebracht, sondern vorgefunden; er hat nur seine Erscheinungsform gewandelt. Bedarf die kapitalistische Wirtschaftsweise, um fortzubestehen, dieses gesellschaftlichen Zustandes? Alles, was dazu zu sagen ist, wurde an früheren Stellen dieses Buches schon gesagt. Für den Fortbestand einer freien, dynamisch-expansiven, im besten Sinne unternehmerischen Wirtschaft sind alle die genannten Fehler und Mängel der gesellschaftlichen Ordnung nicht nur entbehrlich, sondern sind ihr viel eher abträglich als förderlich; so käme deren klug und geschickt herbeigeführte Beseitigung ihr nur zugute. Damit ist allerdings nicht gesagt, sie seien leicht zu beheben; an den in Bezug genommenen früheren Stellen sind die entgegenstehenden schweren Hindernisse eingehend erörtert; unüberwindbar sind sie nicht. In fortgeschrittenen Ländern, deren verfassungsmäßige Ordnung, beispielsweise in ihrem kollektiven Arbeitsrecht, auch für harte Auseinandersetzungen unter Einsatz von Druck und Gegendruck legale Wege vorsieht, dürfte das Ziel, wenn auch in harten Kämpfen, so doch auf gewalt*lose* Weise zu erreichen sein; wo die kapitalistische Klassengesellschaft noch von feudalen oder feudaloiden Strukturen überformt und dadurch in besonderer Weise sowohl verhärtet als verfestigt ist, mögen gewaltlose Mittel allein nicht ausreichen; das besagt jedoch keineswegs, gewalt*same* Mittel böten eine reale Chance dazu; vor einem solchen Umkehrschluß kann nicht nachdrücklich genug gewarnt werden.

Klassenkampf

Die auch in fortgeschrittenen Ländern nicht zu entbehrenden Kämpfe sind ihrer Natur nach Kämpfe zwischen zwei gesellschaftlichen Klassen. Leider ist auch das Wort „Klassenkampf" wieder „marxistisch besetzt" und weckt daher Emotionen, die einen sachlichen Gedankenaustausch erschweren, wenn nicht gar unmöglich machen. An sich ist ein Kampf zwischen Klassen, also der „Klassenkampf" nicht anders zu beurteilen als jeder andere Kampf: Kampfziel und Kampfmittel müssen einwandfrei sein; die Bedeutung dessen, worum gekämpft wird, und die Opfer, die dieser Kampf kostet und unvermeidlich auch unbeteiligten Dritten auferlegt, müssen in einem vernünftigen Verhältnis zueinander stehen. – Wenn „Klassengesellschaft" einen fehlerhaften Zustand der Gesellschaft bezeichnet und dieser fehlerhafte Zustand, im vorliegenden Fall die „kapitalistische" Klassengesellschaft, überwunden werden soll, dieses Ziel aber nicht mit Belehrungen und Beratungen allein zu erreichen ist, sondern Schritt um Schritt gegen Widerstände erkämpft werden muß, dann sind solche Kämpfe nicht einmal „unerwünscht"; eher ist zu sagen, soweit es ohne sie nicht vorangeht, sind sie erwünscht; auf jeden Fall aber ist zu wünschen, daß sie bei aller Härte *absolut fair* ausgetragen werden.

Keine Proletarier mehr?

Bei der heutigen Lage in der BRD von einer herrschenden und einer beherrschten oder gar unterdrückten Klasse zu reden wäre gewiß ein Anachronismus (15jährigen Lehrlingen kann man das aufhetzerisch erzählen; wer sich unterstünde, eine Versammlung von Gewerkschaftsfunktionären mit „unterdrückte Klasse" zu titulieren, dürfte sich auf für ihn sehr unerfreuliche Erfahrungen gefaßt machen und sich freuen, wenn er mit heilen Knochen davonkommt). Anders verhält es sich in Ländern, die in der Entwicklung 100 oder 200 Jahre zurück sind und in denen der „Kapitalismus", wenn man ihn unbedingt personifizieren will, zur Zeit seine Flegeljahre durchmacht und sich entsprechend flegelhaft und nicht selten noch viel schlimmer aufführt. Aber mit diesen Personifikationen, mit der Hypostasierung von „Ismen" ist nichts geschafft. Die Gewerkschaften kämpfen denn auch nicht um die abstrakte Gleichstellung der Frauen- und Männerlöhne (die steht längst im Gesetz!), sondern um die Gleichentlohnung am konkreten Arbeitsplatz; sie kämpfen nicht um die abstrakte Gleichstellung der Arbeiter mit den Angestellten, sondern um die konkrete Gleichbehandlung, z.B. Fortzahlung des Lohnes im Krankheitsfall; sie kämpfen nicht um die abstrakte Humanisierung der Arbeit, sondern um konkrete Verbesserungen der Arbeitsbedingungen im einzelnen, deren sie in einem berühmt gewordenen Arbeitskampf einmal nicht weniger als 55 durchgesetzt haben und deren jede einzelne ein kleines Stück dazu beiträgt, die Arbeit menschlicher zu gestalten. Wir täten gut daran, von den Gewerkschaften zu lernen und, anstatt darüber zu streiten, ob der Kapitalismus gut oder böse sei oder ob die katholische Soziallehre antikapitalistisch sei oder nicht, handfeste Dinge vorzunehmen und zu fragen: Was ist hier gut und in der rechten Ordnung, was ist hier im Umstand, was muß, was kann verbessert werden?, und dann alle verfügbaren Mittel und Kräfte aufbieten, um die Verbesserung durchzusetzen. So haben die Gewerkschaften, so hat die Internationale Arbeitsorganisation Jahrzehnte hindurch gearbeitet und viel, sehr viel erreicht; ans Ende gekommen sind sie nicht und werden auch nicht an ein Ende kommen.

... aber noch „Kapitalismus"?

Ob unsere heutige Gesellschaft in den zurückgebliebenen Ländern gegenwärtig *schon*, ob sie in den am weitesten fortgeschrittenen Ländern (z. B. USA) zur Zeit *noch* zutreffend als „kapitalistische Klassengesellschaft" bezeichnet wird, ist eine *Tat*frage, über die auch unter wohlunterrichteten Sachkennern verschiedene Meinungen möglich sind. Daß der Zustand der Klassengesellschaft, gleichviel ob „kapitalistisch" oder anders, ein *fehlerhafter* Zustand ist, der überwunden werden sollte, kann ernstlich nicht bestritten werden. Ob insbesondere das, was wir heute in den am weitesten fortgeschrittenen Ländern haben, alles in allem genommen, noch verdient, „Kapitalismus" und insbesondere „kapitalistische Klassengesellschaft" genannt zu werden, ist vielleicht schon keine *Sach*frage mehr, sondern nur noch eine Frage der *Benennung*. – Ein Manchester-Liberaler der jetzt gerade 100 Jahre zurückliegenden „Gründerzeit", als noch das Sprichwort galt, „mit Sittensprüchlein baut man keine Eisenbahnen", würde in der heutigen Wirtschaft die seinige nicht wiedererkennen. Leider können wir ihn auch nicht fragen, ob er das, was wir betreiben, noch „Kapitalismus" nennen würde; die Frage wäre ihm unverständlich. Zu seiner Zeit kam das Wort „Kapitalismus" gerade als Schimpfwort in Gebrauch, das erst allmählich salonfähig wurde und erst ganz zuletzt auch in den wissenschaftlichen Sprachgebrauch eingedrungen ist. Das, was *er* betrieb, mit diesem Schimpfnamen zu bezeichnen, hätte er sich ganz entschieden verbeten, und er wäre maßlos verwundert, wahrzunehmen, daß unsere heutigen Unternehmer sich dessen, was *sie* betreiben, offenbar mit Stolz unter diesem Namen rühmen; dafür, daß sie das, was er zu seinen Lebzeiten betrieb, „Liberalkapitalismus" nennen, auf den sie als etwas völlig Überholtes ein wenig mitleidig herabschauen und dem sie ihre „soziale Marktwirtschaft" und ihren „sozial temperierten Kapitalismus" als fortschrittlich und weit überlegen gegenüberstellen, würde ihm erst recht jegliches Verständnis abgehen.

So mag denn auch hier die Frage offenbleiben, was alles man noch als „Kapitalismus" etikettieren kann und wo die Grenzen liegen, mit deren Überschreiten man endgültig vom „Kapitalismus" Abschied nimmt.

Wortgruppen

Alphabetisch

Personen

Worauf es mir ankommt
Zur sozialen Verantwortung

„Eindringliche Analysen der Kernprobleme gesellschaftlichen Zusammenlebens dürfte man in solch komprimierter Form nur selten zu lesen bekommen ... Oswald von Nell-Breuning ist ein großer Lehrer" (Frankfurter Allgemeine Zeitung).

„Der Autor weist nicht nur auf Konflikte hin, sondern bietet auch Lösungsmöglichkeiten an und weist den Weg der christlichen Weltverantwortung. In seiner Person kommt beides zusammen: ungewöhnliche Sachkenntnis und gläubiges Bekenntnis" (Der Überblick).

„Jeder, der in Wirtschaft und Gesellschaft Verantwortung trägt, sollte sich mit diesem Buch befassen. Es spricht an, hilft und führt weiter" (Die Heimstatt).

„Das Buch schöpft aus tiefer Sachkenntnis und bietet Orientierung für alle, die auf zuverlässige Information in sozialen Fragen angewiesen sind. Der Autor durchbricht souverän die verbreitete Ratlosigkeit unserer Zeit und liefert ‚Gedankenfutter' auf die Zukunft hin" (Theologisch-pastoraler Literaturdienst).

4. Auflage. 96 Seiten, Paperback. ISBN 3-451-19950-5